Astrid Wintersberger Salzburg, Regen, 8°

Astrid Wintersberger

Salzburg, Regen, 8°:

Ein Überlebensbuch für Schlechtwettergeplagte

mit Photographien von Günter Schindlmaier

Residenz Verlag

Inhalt:

Motto

r e g e n r e g e n r e g e n

e g e n r e g e n r e g e n r

g e n r e g e n r e g e n r e

e n r e g e n r e g e n r e g

n r e g e n r e g e n r e g e

r e g e n r e g e n r e g e n

e g e n r e g e n r e g e n r

g e n r e g e n r e g e n r e

e n r e g e n r e g e n r e g

n r e g e n r e g e n r e g e

r e g e n r e g e n r e g e n

e g e n r e g e n r e g e n r

g e n r e g e n r e g e n r e

e n r e g e n r e g e n r e g

n r e g e n r e g e n r e g e

r e g e n r e g e n r e g e n

e g e n r e g e n r e g e n r

g e n r e g e n r e g e n r e

e n r e g e n r e g e n r e g

n r e g e n r e g e n r e g e

r e g e n r e g e n r e g e n

Sie sich nicht auf.

Wenn Menschen übers Wetter reden, nimmt man gemeinhin an, sie hätten nichts zu sagen. Das mag überall anders auf der Welt so sein, in Salzburg ist das Sprechen übers Wetter nicht Smalltalk, sondern Gesprächstherapie. Man bildet eine Gruppe, um mit anderen Betroffenen das traumatisierende Geschehen zu bewältigen, indem man es bespricht.

«Das Wetter ist ein Spiel- und Spaßverderber, das Wetter sollte man abschaffen. Oder durch Schönwetter ersetzen», schreibt Günter Eichberger, der sich im übrigen nicht zu beklagen braucht, denn Graz, die Heimatstadt des Schriftstellers, ist wettermäßig im gesamtösterreichischen Vergleich ziemlich gut bedient. Worin er aber recht hat, ist dies: Wenn man vom Wetter spricht, meint man stets das Wetter als Ärgernis, also das schlechte Wetter, das schöne hingegen genießt man und schweigt. Das Wetter macht sich als Wetter erst bemerkbar in seiner Schlechtigkeit. So meint man auch, wenn man umgangssprachlich sagt, es werde bald «ein Wetter» geben, zumindest Regen, Blitz und Donnerschlag, doch auch Sturm und Hagel sind nicht ausgeschlossen. Das Wetter meint sein Gegenteil – das Unwetter – mit.

Salzburg gibt jede Menge Anlaß, übers Wetter zu reden. Es ist die Landeshauptstadt mit den meisten Regentagen in Österreich, und wenn es erst einmal begonnen hat, hört es bekanntlich so schnell nicht wieder auf. Man spricht dann vom «Salzburger Schnürlregen», der sich – besonders im Sommer – gut und gern mal drei Wochen halten kann.

NIEDERMEYER

Das kann Bewohnern wie Besuchern der Stadt das Leben ganz schön versauern: Besucher schlägt es womöglich schon nach kürzester Zeit in die Flucht, wie der folgende Internet-Bericht zweier junger Mädchen zeigt:

Salzburg, 18. September.

Wir kamen um ca. 4.30 Uhr in Salzburg an. Es war saukalt, und es regnete in Strömen. Nachdem wir uns eine Stunde im Wartesaal auf harten Bänken «ausgeruht» hatten, gingen wir einmal frühstücken. Unser Ziel war MacDonald's in der Getreidegasse.

Marina fotografierte schnell Mozarts Geburtshaus, und dann ging es weiter im Eiltempo durch Salzburg. Der typische Schnürlregen sorgte dafür, daß wir naß wurden und beschlossen, sofort nach Wien weiterzufahren. Das ist der Grund, warum wir von Salzburg nicht viel gesehen haben.

Nun kommt man aber zumeist nach Salzburg, um etwas zu sehen, und das sollte man sich vom Regen nicht verderben lassen. Mozarts Geburtshaus etwa kann man sich auch von innen anschauen, dabei bleibt man trocken und darf sich auch ein wenig aufwärmen. Statt MacDonald's kann man eine Gaststätte mit Wintergarten aufsuchen; wo es auch Frühstück gibt, verrät dieses Buch. Es verrät auch, wo man auf die Schnelle einen geeigneten Regenschutz erwerben kann. Zwei Tage Schlechtwetter sind in Salzburg nichts Besonderes, kein Besucher sollte sich davon vertreiben lassen.

Die Bewohner sind Schlimmeres gewöhnt, sie fühlen sich oftmals wie Erich Kästner, als er sich die Verzweiflung über den Dauerregen in Gedichtform vom Leibe schrieb:

Rezitation bei Regenwetter

Der Regen regnet sich nicht satt.
Es regnet hoffnungslosen Zwirn.
Wer jetzt 'ne dünne Schädeldecke hat,
dem regnet's ins Gehirn.

Im Rachen juckt's. Im Rücken zerrt's.
Es blöken die Bakterienherden.
Der Regen reicht allmählich bis ans Herz.
Was soll bloß daraus werden?

Der Regen bohrt sich durch die Haut.
Und dieser Trübsinn, der uns beugt,
wird, wie so Manches, subkutan erzeugt.
Wir sind porös gebaut.

Seit Wochen rollen Wolkenfässer
von Horizont zu Horizont.
Der Neubau drüben mit der braunen Front
wird von dem Regen täglich blässer.
Nun ist er blond.

Die Sonne wurde eingemottet.
Es ist, als lebte sie nicht mehr.
Ach, die Alleen, durch die man traurig trottet,
sind kalt und leer.

Man kriecht ins Bett. Das ist gescheiter,
als daß man klein im Regen steht.
Das geht auf keinen Fall so weiter,
wenn das so weitergeht.

Für den – leider recht wahrscheinlichen – Fall, daß es doch so weitergeht, hält dieses Büchlein Tips und Unterhaltendes bereit. Es gibt Hinweise auf Aktivitäten, die auch oder gerade bei Regen Vergnügen bereiten, und es versucht, die Betroffenen mit der Botschaft zu trösten, daß sie zumindest nicht allein im Regen stehen; darüber hinaus soll es mit der einen oder anderen Anekdote zum Thema die Schlechtwetterperiode zumindest subjektiv verkürzen. Manch Dichterwort kann dabei helfen. So ist es beruhigend zu lesen, daß selbst Geister wie Hugo von Hofmannsthal die quälende Wirkung unerfreulicher Witterung auf sensible Gemüter hervorhoben: «Das Wetter, für andere Leute ein ennui, ein Sozialärger, weiter nichts, ist für mich (...) eine Katastrophe.»

Aber die Kunst der Dichter und Sänger besteht natürlich auch darin, relativ üblen Dingen dennoch etwas Nettes abzugewinnen; nicht zuletzt darum sollen sie in diesem Buch immer wieder zu Wort kommen.

Bei jedem Wetter unterwegs ist die Verkäuferin von Vogel-Marionetten. Sie vertraut – wie viele andere Salzburger auch – auf die schützende Kraft des Trachtenhuts.

Die Tücken des Klimas

Salzburg verfügt über ein «warm-gemäßigtes Regenklima, ein immerfeuchtes Klima mit bemerkenswerten Niederschlägen in allen Monaten». Der wärmste Monat liegt im Mittel zwischen 10° und 22° C. Es gibt in Salzburg nur einen Monat, den Juli, in dem das Thermometer tagsüber verläßlich die 10° erreicht. Sowohl im Juni als auch im August gibt es Tage, an denen es nur zwischen 5° und 10° hat. Es empfiehlt sich daher bei Salzburgbesuchen, auch im Sommer warme Kleidung mitzunehmen, da es bei länger andauernden Regenperioden stets merklich abkühlt. Den milden Sommerregen kennt der Salzburger nur als Urlaubserinnerung. Die Gleichung Regen = Schlechtwetter hat in Salzburg leider fast immer Gültigkeit; das fröhliche Getrommel auf den Dächern, das gerade zur rechten Zeit einsetzt, die Sommerhitze lindert und sicher nach ein paar Stunden wieder endet, ist hier die Ausnahme, die die Regel bestätigt. In Salzburg «regnet es sich ein» und hört nicht mehr auf, bevor die Quecksilbersäule nicht ins Bodenlose gestürzt ist und man über die Wiesen wie über vollgesogene Schwämme geht.

Der Stadtverein Salzburg weiß diesen klimatischen Bedingungen dennoch einiges an Positivem abzugewinnen: «Interessanterweise entsprechen nur 5% der Land-Erdoberfläche diesem Klimatyp, der für das menschliche Empfinden und für Aktivitäten in allen Monaten anregend wirkt und bei geeigneter Architektur fast weitgehend ein Bauen ohne Klimatisierung zuläßt. Vergleichbare Klimate liegen in West- und Mitteleuropa in tieferen Lagen, an der nordamerikanischen Westküste, in Südchile, dem Süden von Südafrika,

DURCHSCHNITTLICHE REGENTAGE PRO JAHR

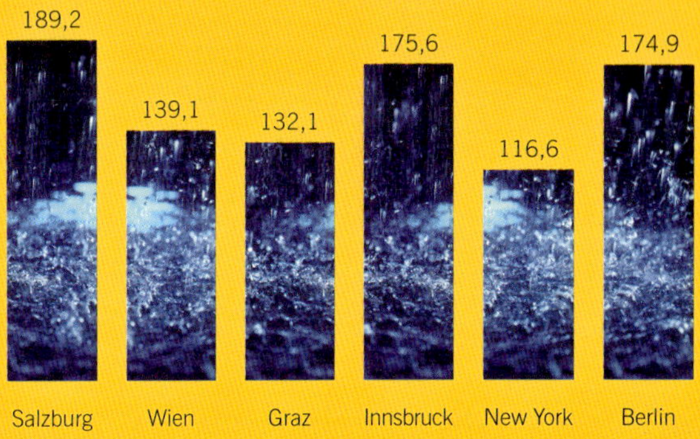

DURCHSCHNITTLICHE NIEDERSCHLAGSMENGE (mm/qm)

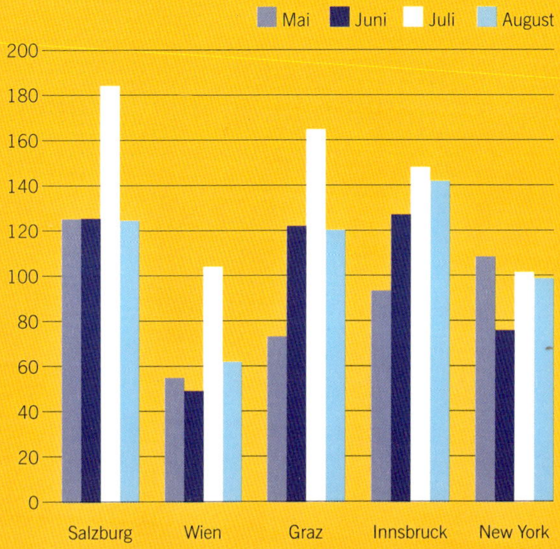

Neuseeland und Tasmanien sowie Nord-Japan. Sosehr der typische Salzburger häufig über seinen ‹Schnürlregen› jammert, insgesamt ist die Stellung des Klimas von Salzburg innerhalb der möglichen Szenarien immer noch sehr günstig, wenn nicht optimal.» Zugegeben: Die Klimaanlage vermißt man in Salzburg selten, und man läuft auch nicht Gefahr, sich eine Grippe einzufangen, die man dem sommerlich-leichtgeschürzten Aufenthalt in übermäßig klimatisierten Räumen verdankt. Da erkältet man sich schon eher während einer dreiwöchigen Sommerregenperiode mit durchschnittlich 10°, und dann beschleicht den Salzburger doch das Gefühl, daß er sich nicht gerade an jenem Platz der Welt niedergelassen hat, der das optimale Klima aufweist, und er spielt ernsthaft mit dem Gedanken, zumindest seinen Alterswohnsitz an die Côte d'Azur oder in die Toskana zu verlegen. An die sengende Hitze, die ihn dort im Hochsommer erwarten kann, denkt er natürlich nur am Rande; wann war der Mensch schon je gerecht in seinem Zorn?

Es ist der Dauerregen im Frühjahr und im Sommer, der dem Salzburger aufs Gemüt schlägt. Denn das zu erwartende Kontingent an sommerlichen Tagen ist in unseren Breiten ja ohnehin nicht sehr groß, im günstigsten Fall umfaßt es 2,5 Monate. Gehen davon noch drei Wochen durch Schlechtwetter en suite verloren, kann sich schon eine heftige Depression einstellen; denn auch wenn es dann wieder allmählich schöner wird, ist die kühle Witterung nicht ohne Folgen für die erhofften Sommerfreuden geblieben: die nahe gelegenen Badeseen, die einen der besonderen Reize der Stadt

Salzburg ausmachen, sind um einige Grade abgekühlt, und es wird eine ganze Weile dauern, bis sie wieder eine Temperatur erreicht haben, die zum Schwimmen und Planschen einlädt. Die Rasenflächen, auf denen man sich niederlassen möchte, sind noch tagelang ungemütlich durchnäßt.

Im Frühjahr trüben Regen und Kälte die ersten Out-door-Aktivitäten, auf die man nach langem Winter schon sehnsüchtig gewartet hat. Besonders die Osterferien sind meist von witterungsbedingten Enttäuschungen begleitet, sieht man von jenem einzigartigen April 2000 ab, in dem man zu Ostern Hochsommertemperaturen verzeichnen konnte. Das darauffolgende Jahr brachte freilich den Ausgleich: Da mußte man die Ostereier dann buchstäblich unter der Schneedecke suchen.

Von der Jahreszeit abhängige Augen- und Gaumenfreuden werden allzu oft durch die Witterung zunichte gemacht. Die alten Magnolienbäume in der Stadt brechen jedes Jahr etwas zu früh in Blüte aus, ein ebenso betörendes wie kurzlebiges Schauspiel. Durch späten Schnee oder nachhaltigen Regen findet die Pracht in Rosa und Weiß ein rasches Ende. Später, im Juni, zeigt die Schafskälte ihre spezielle «Salzburgqualität»: Durch tagelangen Regen verliert die Holunderblüte ihr Aroma und wird untauglich für Spezialitäten wie Hollersekt oder in Teig gebackene Dolden. Den Erdbeeren hilft die beste Strohunterlage nicht, wenn sie nicht wenigstens zwischendurch einmal wieder trocknen können, und die Himbeeren beginnen schon nach kürzeren Regenperioden zu faulen.

Das statistische Jahresmittel täuscht, was Temperatur und Niederschlagsmengen betrifft, über den Umstand hinweg, daß man in Salzburg besonders in Zeiten hoher Schönwettererwartung oft herbe Enttäuschungen erlebt. Man verzeichnet in der Stadt Salzburg bemerkenswert hohe Niederschlagsmengen, der Abstand zu den westlichen Landeshauptstädten Innsbruck und Bregenz erscheint aber gar nicht so groß. Es ist die Häufung der Regentage in den Monaten Mai, Juni, Juli, August, die der Stadt ihren Ruf als Schlechtwetterhochburg beschert. Sommerfeste im Freien zu planen gleicht hier einem Lotteriespiel mit mäßigen Gewinnchancen.

Niederschläge im Spätherbst, wenn man sich bereits darauf eingestellt hat, die kurzen Tage unter Dächern zu verbringen, fallen naturgemäß weniger unangenehm auf. Im November erhofft man sich vom Wetter keine Meisterleistungen, und im Winter verwandelt sich der Regen günstigenfalls in Schnee. Dennoch empfiehlt Erich Kästner nun, auch an den nassen Herbsttagen nicht zu Hause festzuwachsen, und so soll er hier das letzte Wort haben.

Nasser November

Ziehen Sie die ältesten Schuhe an,
die in Ihrem Schrank vergessen stehn!
Denn Sie sollten wirklich dann und wann
auch bei Regen durch die Straßen gehn.

Sicher werden Sie ein bißchen frieren,
und die Straßen werden trostlos sein.
Aber trotzdem: gehn Sie nur spazieren!
Und, wenn´s irgend möglich ist, allein.

Müde fällt der Regen durch die Äste.
Und das Wasser glänzt wie blauer Stahl.
Und der Regen rupft die Blätterreste.
Und die Bäume werden alt und kahl.

Abends tropfen hunderttausend Lichter
zischend auf den glitschigen Asphalt.
Und die Pfützen haben fast Gesichter.
Und die Regenschirme sind ein Wald.

Ist es nicht, als stiegen Sie durch Träume?
Und Sie gehn doch nur durch eine Stadt!
Und der Herbst rennt torkelnd gegen Bäume.
Und im Wipfel schwankt das letzte Blatt.

Geben Sie ja auf die Autos acht.
Gehn Sie, bitte, falls Sie friert, nach Haus,
Sonst wird noch ein Schnupfen heimgebracht.
Und, – ziehn Sie sofort die Schuhe aus!

«Es gibt kein schlechtes Wetter, es gibt nur die falsche Kleidung»: Regenschutz aller Art

DER REGENSCHIRM

Der Schirm ist die eleganteste Art, sich vor Regen zu schützen. Der englische Gentleman trägt ihn stets bei sich, kann er doch, wenn gerade nicht im Einsatz, auch als Spazierstock verwendet werden. Gesellt sich zum Regen ein heftiger Sturm, gerät der Schirm bald an die Grenzen seiner Tauglichkeit; besonders einfache Faltmodelle neigen dann dazu, sich umzudrehen und zur Wasserauffangschale zu mutieren, was für Zuseher ein mitunter recht heiteres Bild ergibt, für den Betroffenen aber stets ein Ärgernis ist: Er steht, bis er das gute Stück wieder in seine angestammte Position gebracht hat, buchstäblich im Regen. Keine reale Bedrohung stellt jenes Szenario dar, das Heinrich Hoffmann mit didaktisch zweifelhaften Hintergedanken im «Fliegenden Robert» entwirft: Der Sturm erfaßt den Schirm, «Und der Robert fliegt geschwind/ Durch die Luft so hoch, so weit …», freilich ward er nie mehr gesehen (vgl. auch 80f.). Aber man muß ja nicht gleich abheben; allein das Gezerre des Windes am Schirm mag ausreichend unangenehm sein, um bei stürmischem Wetter schon eher zur zugegebenermaßen weniger kleidsamen Pelerine zu greifen.

Bei maßvollem Getröpfel jedoch ist der Schirm ein hübsches Accessoire, eines der notwendigsten Accessoires in Salzburg, notwendiger jedenfalls als der Sonnenhut. So ist es auch nicht verwunderlich, daß hier das Schirmmachergewerbe Edles und Besonderes hervorbringt. In der Getreidegasse 22 befindet sich ein kleiner Laden, der sich von herkömmlichen Schirmgeschäften dadurch unterscheidet, daß dort der noble Regenschutz zum Teil noch nach alter Tradition handwerklich gefertigt wird. Im Betrieb der Familie Kirchtag werden Schirme auf Bestellung hergestellt; der Kunde kann den Stoff selber wählen, der sich vom herkömmlichen Billig-Importartikel nicht nur durch die Eleganz des Gewebes unterscheidet, sondern auch durch die umweltschutzkonforme Art der Imprägnierung. Der Schirm verfügt zudem über einen durchgehenden Stock aus festem, edlem Holz. Er wird in 3 1/2-stündiger Arbeit auf einer alten Maschine genäht. Das alles hat natürlich auch seinen Preis, der um die 145 € liegt. Die Schwierigkeit, erzählt Herr Kirchtag jr., bestehe darin, daß es für Stöcke und Stoff keinen Markt und somit nur einen oder wenige geeignete Zulieferer gebe.

Die S-Klasse unter den Schirmen wird von der Firma Kirchtag für Porsche Design hergestellt und ist numeriert. Alle Metallteile bestehen aus einer stabilen Alu-Kupfer-Mangan-Verbindung und werden aus einem Block gefertigt, was sie besonders stabil und langlebig macht. Wer ein solches Stück sein eigen nennen will, muß etwa 283 € dafür bezahlen. Dies ist aber nur der Preis für eine 08/15-Nummer. Besondere Nummern gehen an den Höchstbietenden.

Eine Besonderheit im Hause Kirchtag stellt der sogenannte «Nostalgieschirm» mit zweireihigen Rüschen dar; er erinnert an längst vergangene Zeiten und wird gerne von Festspielbesuchern gekauft, ist er doch das passende modische Begleitstück zur Abendrobe. Für den Gast in Salzburg, der das Pech hat, vom Regen überrascht zu werden, kann ein Besuch bei Kirchtag zur Anregung werden, ein besonderes Erinnerungsstück mit nach Hause zu nehmen.

Noch Feineres kommt naturgemäß aus England, von der Firma Brigg & Sons. Der Rolls-Royce unter den Schirmen ist mit echter Schirmseide bespannt. Die Fasern dieses Materials quellen bei Nässe auf und lassen (angeblich) keinen Tropfen durch. Diese Schirme schützen die Häupter der Royals vor unerwünschten Tropfen und haben auch einen adeligen Preis: 524,42 €.

Der Mensch hat aber (leider) auch die Neigung, Dinge ihrem ursprünglichen Zwecke zu entfremden, und da bietet der Schirm natürlich reichlich Möglichkeiten, als Schlagstock etwa oder als sonstiges Instrument zur Selbstverteidigung und zum beherzten Angriff. In England tendiert die Funktionserweiterung des Schirms eher in Richtung Spazierstock oder Zeige-Instrument, wohingegen die Österreicher ein kriegerisches Volk zu sein scheinen. Denn schon Johann Nestroy empfahl: «Der Mensch soll nie ohne Paraplui sein, es ist die großartigste Waffe, aufgespannt ist es Schild, zugemacht und geschwungen Schwert, und horizontal gebraucht ist es Lanze.» Ansonsten eher harmlose ältere Menschen können, mit einem Schirm bewaffnet, zum gefährlichen Aggressor für Mensch und Tier werden, wie der folgende Fall aus der Stadt Salzburg beweist: «Ein Polizist und sein Diensthund wurden am Dienstag im Hellbrunner Park verletzt, als sie einer 64jährigen Pensionistin begegneten, die mit zwei freilaufenden Hunden unterwegs war. Als der

ALOIS KIRCH

Polizist das Frauerl aufforderte, die Hunde an die Leine zu nehmen, griff ein Labradorrüde den Diensthund an. Während der Beamte versuchte, die Hunde zu trennen, wurde er von der Frau mit einem Regenschirm attackiert. Die Rentnerin wird nun angezeigt.» (Salzburger Nachrichten vom 30. März 00)

Da das sommerliche Schlechtwetter nicht vor den Toren der Stadt Salzburg haltmacht, verlassen auch im nahegelegenen Freilassing Pensionisten gern bewaffnet das Haus, um im Ernstfall nicht bloß den Regen abzuwehren. Dort trug sich im Juni 99 folgender Fall zu, der allerdings zeigt, daß der Schirm als Schlagstock doch nur bedingt tauglich ist: «Ein 89jähriger Freilassinger Pensionist sah rot, als am Freitag ein 43jähriger aus Attnang-Puchheim mit seinem Wagen am Parkplatz des Freilassinger Geschäftes Kaufland gegen die vorgegebene Fahrtrichtung unterwegs war. Als der 89jährige verbal nichts gegen den Falschfahrer ausrichten konnte, schlug er mit seinem Regenschirm auf den Kofferraum des PKWs ein. Der erboste Lenker stieg daraufhin aus und schüttelte den alten Mann. Dieser setzte sich wiederum mit seinem Regenschirm zur Wehr und schlug so lange auf den Autofahrer ein, bis der Schirm total deformiert war. Als der Österreicher den Deutschen schließlich wegschubste, stürzte der Pensionist und zog sich eine Platzwunde am Hinterkopf zu. Nun erwartet jeden der beiden Streithähne eine Anzeige wegen Körperverletzung» (SN). Ja, so kann es schon mal hergehen, doch wir wollen den Schirm deshalb nicht verdammen. Wer befürchtet, er könnte sich dergestalt vergessen, wenn er mit einem großen, spitzen, mit schwerem Griff ausgestatteten Parapluie das Haus verläßt, der greife einfach zum Knirps, der taugt doch weniger zum Schlagstock, bestenfalls zum Knüppel aus dem Sack.

Auch wer annimmt, der Regenschirm werde ausschließlich bei Regenwetter aufgespannt, irrt. Vor allem Besucher aus Japan kann man oft bei strahlendem Sonnenschein mit aufgespannten Schirmen beobachten, die durchaus in die Kategorie Regenschutz fallen. Bei Einheimischen wird man dies kaum erleben: Die Salzburger wissen das seltene Glück des Sonnenscheins zu schätzen und kämen nicht auf die Idee, sich von diesem Glück buchstäblich abzuschirmen.

Von Reisegruppenleitern wird der Schirm paradoxerweise ausschließlich an regenfreien Tagen benutzt. In geschlossenem Zustand in die Höhe gehalten, soll er dafür sorgen, daß die Schäfchen nicht vom rechten Weg abkommen und ihren Führer im Gewühle nicht aus den Augen verlieren. Für diesen Einsatz braucht der Schirm allerdings keinen speziellen Qualitätskriterien zu entsprechen.

GUMMISTIEFEL

Ein unentbehrliches Accessoire bei heftigem Regen ist der Gummistiefel. In Städten mit viel Regen wird er auch außerhalb des Freizeitbereichs getragen, die Schuhgeschäfte bieten Modelle an, die durchaus mit städtischer Kleidung harmonieren.

Weniger auf die Optik als auf den erlesenen Komfort sind die Naturkautschukstiefel aus Frankreich zugeschnitten, die aber auch preislich im gehobenen Bereich liegen. An Noblesse nicht zu überbieten sind ledergefütterte Naturkautschukstiefel der Firma Le Chameau, die in der Normandie ansässig ist und seit 1927 Schuhe und Stiefel fertigt; anders als in «normalen» Gummistiefeln wird man in diesen edlen Stücken angeblich nie schwitzen. Für einen solcherart trokkenen Fuß muß man natürlich auch einiges ablegen, nämlich 210 €. Deutlich günstiger, nämlich um 130 €, kann man einen Stiefel erwerben, der mit jenem Material gefüttert ist, aus dem auch Taucheranzüge gefertigt werden. Ein solches Stück garantiert selbst an sehr kalten Tagen einen warmen Fuß. In die nächste Preiskategorie (84 €) fallen Stiefel der Firma Aigle mit Baumwollfutter und besonders hohem Schaft. Der gediegene Freizeitgummistiefel ist stets grün, er ist primär für den Waidmann und für den Gärtner gedacht. Eine jüngere, sportlichere Note hat der blau-weiße Stiefel, er erinnert an französische Meeresstrände. Die Firma manufactum bietet ihren Kunden exklusiv schwarze Le-Chameau-Gummistiefel an.

Bei Gummistiefeln für Kinder sind der Phantasie keine Grenzen gesetzt. Ob mit Enten- oder Froschgesicht oder im Marienkäferdesign: alles ist möglich. Man sollte jedoch bei aller Begeisterung für die niedlichen Modelle auch darauf achten, daß die Stiefel stets bis knapp unters Knie reichen oder oben zuzuschnüren sind, um bei einem beherzten Sprung in die Wasserlache das gröbste Übel abzuwenden.

Das gröbste Übel sind innen nasse Gummistiefel. Die Trokkenlegung ist mühsam und zeitaufwendig, für den Urlauber mit der Regenwetter-Pechsträhne oft *zu* zeitaufwendig. Und das Ergebnis ist meist auch nur bedingt zufriedenstellend, verschlechtert doch die anhaltende Feuchtigkeit das ohnehin schon zweifelhafte Kleinklima im Gummischuh.

Den neuesten Schrei auf dem Gummistiefelsektor präsentiert die Zeitschrift *Gardens Illustrated*: «Rubber Wellingtons» in buntem Streif, ein Design, das ein bißchen an ein Tapetenmuster aus den Siebzigern erinnert, und in gediegenem Schottenkaro.

REGENMÄNTEL, -JACKEN ODER PELERINEN

Bei allzu heftigen oder lang andauernden Güssen bieten nur noch die Pelerine und der Regenmantel Schutz. Bei Wolkenbrüchen sind sie allerdings nur in Verbindung mit Gummistiefeln effizient: Ist nämlich der untere Beinbereich ungeschützt, erreicht das an der Pelerine abrinnende Wasser die Hose, welche alsdann wie ein Docht wirkt, so daß man in Kürze bis zu den Knien hinauf naß ist. (Man erkennt: Die Autorin spricht aus Erfahrung.) Auf jenen Nachteil der Pelerine, daß man mit der Kapuze auf dem Kopf ein arg eingeschränktes Gesichtsfeld hat, reagierten findige Hersteller mit seitlichen Klarsichtfeldern, welche das Problem mildern, aber nicht beheben. (Durch die Körperwärme laufen die «Seitenfenster» an.)

Auf die Pelerine als Regenschutz angewiesen sind vor allem Radfahrer, deren es in Salzburg nicht wenige gibt und die mitunter eine erstaunliche «Wetterfestigkeit» an den Tag legen. Schlichter Regen mag sie nicht daran hindern, den Drahtesel zu besteigen, da müssen schon Schnee und Eis kommen, um die Radfahrsaison in Salzburg zu beenden. Für derart eingeschworene Radler bietet allein die Firma Jeantex bis zu 15 unterschiedliche Regenponchomodelle. Im Sportfachhandel erhält man nicht nur Regenmäntel, die beim Radfahren einen außerordentlich wirksamen Schutz bieten, sondern für den unteren Hosenbereich auch noch sogenannte «Überschuhe».

Im Unterschied zum Regenmantel ist die Pelerine ein ärmelloser Umhang, der es erlaubt, auch Taschen unter ihm zu schützen, also für Menschen mit Hand- oder Schultaschen bzw. Rucksäcken der geeignetere Schutz. Man erliege aber nicht dem Irrglauben, man könne unter der Pelerine auch papierene Einkaufstüten trocken nach Hause bringen: Man wird eines Besseren belehrt und kann von Glück sprechen, wenn sich der Inhalt der Tüten erst vor der Haustür auf die Straße ergießt.

Wie bei allen Dingen auf dieser Welt gibt es auch bei Regenmänteln und -pelerinen ein großes Qualitätsspektrum, je nach Beschaffenheit und Haltbarkeit des Materials. Die günstigste, wenn auch ästhetisch zweifelhafteste Variante ist die sogenannte Regenhaut aus durchsichtigem Plastik, ein Kleidungsstück für absolute Notfälle, das jedoch den Vorteil hat, sich ganz klein zusammenfalten zu lassen, und das somit auch in der winzigsten Tasche Platz findet. Es gibt sie zu Preisen von etwa 2,2 bis 5 €, man muß allerdings damit rechnen, daß solch eine Haut nur einmal erfolgreich zum Einsatz kommt, beim zweiten Mal ist sie möglicherweise schon durchlöchert. Eine noch minimalistischere Lösung stellt die bloße Regenmütze aus dem gleichen Material dar, die sogenannte «Wetterhexe»; im Gegensatz zu jenen Teilen, die bessere Hotels ihren Gästen zum Duschen anbieten, kann man sie unterm Kinn verschnüren. In den Handtaschen unserer Großmütter waren diese Stücke ein absolutes Muß, stellt doch der Regen eine ernsthafte Bedrohung für die perfekte Dauerwelle dar.

Hochwertigere Regenpelerinen, -mäntel oder -jacken zeichnen sich durch ein atmungsaktives Goretex-Material aus. Auch wenn der Computer das Wort «Goretex» noch nicht kennt und hartnäckig unterwellt, in der Industrie für wasserdichte Bekleidung dürfte es den guten alten «Ölmantel» weitgehend abgelöst haben. Von ihm bleibt nur sein schöner Beiname: «Friesennerz».

Im Bereich der sogenannten «Citybekleidung», also jener Stücke, die neben ihrer Regenschutzfunktion auch etwas hermachen sollen, sind Damen gegenüber Herren eindeutig bevorzugt. Dies zeigt der Besuch eines Geschäftes, dessen bloße Existenz man als salzburgspezifisch betrachten kann und das sich in der Hauptsache dem gepflegten Regenschutz verschrieben hat. Seit 1544 besteht der Betrieb der Familie Kolb an der Staatsbrücke. Die Selbstdarstellung des Unternehmens sowohl auf dem Schriftzug oberhalb von Eingang

und Auslage als auch auf den Werbemitteln macht das Geschäft in noch auffälligerem Maße zu einem Salzburger Kuriosum. «Regen Bekleidung Schirme» ist da zu lesen, ohne den klärenden Bindestrich zwischen Regen und Bekleidung; so scheint der kleine Laden neben Kleidung und Schirmen auch Regen zu verkaufen. Das Geschäft führt aber nicht nur keinen Regen – was man erwarten durfte –, sondern auch keine «Cityregenmode» für Herren. Das Repertoire beschränkt sich weitgehend auf Damenbekleidung, sieht man von geschlechtsneutralen Regenponchos ab. Die Dame hat die Wahl zwischen wasserabweisendem Lack und – je nach Wärmebedarf – mehr oder weniger stark wattierten und mit Goretex versehenen Mikrofasern.

Doch was tut der Mann von Welt? Wenn er nicht gerade ein Waidmann ist, greift er eventuell zur Barbour-Jacke, die man als «city-tauglich» durchgehen lassen kann und die dennoch auch bei Freizeitaktivitäten gute Dienste leistet. Die Jägerschaft allein beklagt, das Knarzen der gewachsten Oberfläche vertreibe das Wild. Wenn sich Kälte und Regen in Grenzen halten, können der Burberry und seinesgleichen gute Dienste leisten, sofern sie nicht allzu oft gereinigt wurden und die Imprägnierung darunter gelitten hat. Die altertümliche Bezeichnung «Staubmantel» verdankt sich wohl eher der Farbe als dem Einsatzort, wird doch Staub gemeinhin mit Trockenheit assoziiert.

Ein sicheres Geschäft glaubte anläßlich des Papstbesuches 1998 ein Salzburger Student der Rechtswissenschaft zu machen, als er auf dem Domplatz selbstgestaltete Regenmäntel mit Papstlogo feilbot. Allein: Der Heilige Vater hatte offenbar doch den besseren Draht zum Himmel, und der hielt an diesem Tag seine Schleusen geschlossen. So machte der Student mit seinen Regenmänteln nur einen bescheidenen Umsatz. Hätte der Mann mit dem großen Herzen dem Salzburger Studenten sein Geschäft doch gegönnt! In seinem gläsernen Wagen hätte er das schlechte Wetter ohnehin nicht zu spüren gekriegt. So gab's für den gescheiterten Umsatzmacher nur Gulasch und Bier zum Trost.

DER WETTERFLECK UND «VEREDELTE VARIANTEN»

Ein Kleidungsstück, das seine Bestimmung im Namen trägt, ist der Wetterfleck. Und wie eingangs erwähnt ist im Wort «Wetter» das schöne ausgeschlossen. In Oberösterreich wird er auch «Holzknecht» genannt, was seinen ursprünglichen Einsatz im Bereich landwirtschaftlicher Verrichtungen belegt. Der Wetterfleck ist ein Umhang aus Loden und bei guter Qualität regentauglich; bei weniger guter oder sehr heftigem Niederschlag nimmt das Material Wasser auf. Bei leichterem Regen perlt es jedoch ab, sofern das gute Stück aus Strichloden gefertigt ist. An der exponiertesten Stelle, den Schultern, ist der Stoff doppelt verarbeitet, so daß das Wasser nicht ganz so schnell durchdringt. Bei Nieselregen in Verbindung mit Wind und Kälte leistet der Wetterfleck, ebenso wie sein städtisches Pendant, der Lodenmantel, recht gute Dienste;

Gewiß nicht aus «Strichloden» gefertigt ist der Mantel, den dieser Herr trägt; daher läßt seine Regenschutzfunktion auch arg zu wünschen übrig.

bei schwereren Güssen verlangt er eine zusätzliche Beschirmung.

Generell wird dem Besucher der Stadt Salzburg eine außerordentliche Häufung an Trachtengeschäften auffallen – ein Umstand, der sich zwar primär der besonderen Traditionsverbundenheit der Bevölkerung verdankt, nicht zuletzt aber auch damit zu erklären ist, daß Walkjanker und Lodenmantel dem unfreundlichen, oft auch reichlich kühlen Wetter selbst dann noch trotzen, wenn der klassische Trenchcoat schon zu dünn ist.

Wer es gern ein bißchen weniger «trachtig» hat, der frage nach Mänteln aus druckbeschichteten Stoffen. Sie wirken auf den ersten Blick gar nicht regenfest, sind aber, durch eine spezielle Behandlung, weitgehend wasserdicht.

DER REGENHUT

Regenjacken und -mäntel haben zwar üblicherweise Kapuzen, doch die sind nicht jedermanns Sache, zumal sie sowohl das Gesichtsfeld als auch das Hörvermögen entschieden beeinträchtigen. Für Kapuzenmuffel bietet der Fachhandel Regenhüte an, in unterschiedlicher Ausführung und Qualität.

Das schlichteste Modell, das bereits um wenig mehr als 10 € zu haben ist, hat eine schmale Krempe und läßt sich klein zusammenrollen, ähnlich wie ein Sonnenhut. Ausgefeiltere Modelle dieser Art verfügen über ein kleines Täschchen, in dem man sie dann bequem in der Handtasche verstauen kann.

Wer sich den trockenen Nacken etwas kosten lassen will, wird zu einem eleganteren Stück mit breiter Krempe greifen, bei dem das Regenwasser über den Rücken abrinnen kann. Solche gibt es in sportiver ebenso wie in «cityadäquater» Ausführung.

Die edelsten Regenhüte, erzählt der Hutverkäufer, werden von Golfern gekauft. Allein: Wer einmal einen durchfeuchteten Rasen betreten hat, wird sich fragen, wie sich's auf solcher Unterlage erquicklich golfen läßt. Die Antwort auf diese Frage müssen wir schuldig bleiben. Für kühle Tage kann man sich einen fleecegefütterten Hut anschaffen. Bei manchen Modellen, das wird man jedoch feststellen, muß die Ästhetik gegenüber der Nützlichkeit entschieden zurückstehen.

Die passende Kopfbedeckung zu Lodenmantel und Wetterfleck ist der Trachtenhut. In Salzburg begegnet man ihm häufiger als anderswo; eingefleischte Freunde und Befürworter dieses traditionellen Zubehörs versichern glaubhaft, daß er kein Wasser durchläßt.

Aus der Mode gekommen ist das männliche Pendant zur «Wetterhexe», die Regenhaut für den Hut. Andere, den Kopf vor Nässe schützende Objekte konnten sich aufgrund ihrer lachhaften Optik gar nicht erst durchsetzen: dazu gehören kleine Schirmchen, die man sich nicht an den Hut, sondern direkt aufs Haupt steckt.

BEZUGSQUELLEN (AUSWAHL):

SCHIRME:

Kirchtag, Getreidegasse 22, Tel: 0662/84 13 10
Kolb an der Staatsbrücke, Griesgasse 3, Tel: 0662/84 98 39
Schirme von Briggs & Sons über manufactum, Postfach 966,
A-4021 Linz, Tel: 0732/34 16 38, Fax 0732/34 15 94,
www.manufactum.at

GUMMISTIEFEL:

Kinder:

Cosi's, Griesgasse 2a, Tel: 0662/84 23 76-16 (Naturino, Aigle – Kinderstiefel aus Naturkautschuk mit Baumwollfutter und besonders hohem Schaft, auch für Damen mit schlanker Wade (ca. 64 €)
Salamander, Platzl 1, Tel: 0662/87 43 98
Denkstein, Getreidegasse 3, Tel: 0662/84 37 24-23
Am Platzl, Tel: 0662/84 22 64-32

Erwachsene:

Dschulnigg, Griesgasse 8, Tel: 0662/84 23 76-0 (Le Chameau, ledergefüttert; Aigle)
Kolb an der Staatsbrücke, s.o.
Denkstein, s.o.
Lederleitner Versand. Katalogbestellung: Schubertstraße 36, A-3452 Atzenbrugg, Tel: 02275/5603-24, Fax: -25 (Le Chameau, leder- oder baumwollgefüttert)
Schwarze Stiefel von Le Chameau (Damen und Herren, leder- oder baumwollgefüttert) über manufactum, Postfach 966, A-4021 Linz, Tel: 0732/34 16 38, Fax 0732/34 15 94, www.manufactum.at
Stiefel gestreift: Paul Smith, www.paulsmith.co.uk
Stiefel kariert: Boden, www.boden.co.uk

REGENMÄNTEL, -JACKEN ODER PELERINEN:

Kolb an der Staatsbrücke, Griesgasse 3, Tel: 0662/84 98 39
Dschulnigg, Griesgasse 8, Tel: 0662/84 23 76-0 (Barbour-Jacken)
Kirchtag, Getreidegasse 22, Tel: 0662/84 13 10 (Pelerinen, Radfahrerponchos von Jeantex, Regenhäute)
Sportgeschäfte für Freizeitregenschutz: z. B.: Eybl Intersport, Alpenstraße 108, Tel: 0662/62 85 56-0

WETTERFLECK UND «VEREDELTE» VARIANTEN:

Dschulnigg, Griesgasse 8, Tel: 0662/84 23 76-0
Trachten Forstenlechner & Co, Mozartplatz 4, Tel: 0662/84 37 66
Resmann Herrenausstatter GmbH., Getreidegasse 25,
Tel: 0662/84 32 14 (Mäntel aus druckbeschichteten Stoffen)

REGENHÜTE:

Collins Hüte, Alter Markt 1 (Klampferergasse), Tel: 0662/84 27 03
Hutsalon Femina, Universitätsplatz 11, Tel: 0662/84 16 48
Kolb an der Staatsbrücke, Griesgasse 3, Tel: 0662/84 98 39

REGEN
BEKLEI

Museen und Ausstellungen:
Was man bei Regen in der Stadt Salzburg besichtigen kann ...

Mozarts Geburtshaus

Schlechtwetter in den umliegenden Feriengebieten treibt zur Sommerzeit zahllose Urlauber in die Stadt, die den ins Wasser gefallenen Badetag nutzen wollen, um sich die Stadt Salzburg und ihre regengeschützten Sehenswürdigkeiten anzuschauen. Für die Bewohner heißt dies, nach Möglichkeit das Auto zu Hause zu lassen, da man an solchen Tagen stets mit verstopften Straßen und überfüllten Garagen rechnen muß; ein Vorschlag, der aber gerade bei nasser Witterung auf wenig Gegenliebe stoßen wird. Die Alternative ist – wie so oft – früh aufzustehen, um rechtzeitig einen Parkplatz zu ergattern.

MUSEEN

Nicht zu übersehen ist **Mozarts Geburtshaus** in der Getreidegasse. Man erkennt es nicht erst am Schriftzug an der Fassade, sondern bereits an den außergewöhnlichen Menschenansammlungen, die während der Hauptsaison rund um die Festspielzeit in der schmalen Altstadtgasse regelmäßig zu Staus im Fußgeherverkehr führen. Das Haus, in dem Wolfgang Amadeus Mozart am 27. Januar 1756 das Licht der Welt erblickte, übt eine magische Anziehungskraft auf Reisegruppen aus aller Herren Länder aus. In der Nachsaison muß man jedoch auch an Regentagen nicht mit nennenswerten Wartezeiten rechnen, wenn man das im Inneren des Gebäudes befindliche Museum besichtigen will. Es präsentiert Musikinstrumente, Gemälde von Mozart und Familie (sowie von Personen, die seine Laufbahn entscheidend geprägt haben), Bücher, Einrichtungsgegenstände und vieles mehr, das die Jugend des großen Sohnes in seiner Geburtsstadt sowie das bürgerliche Leben in Salzburg zu dieser Zeit dokumentiert. Auch ein zartes Haarbüschel des Wunderknaben kann man bestaunen. Für Touristen besonders interessant ist jenes Ensemble von Kutsche und Gepäcksstücken, welches zeigt, wie man zu Mozarts Zeiten reiste.

Im **Mozart-Wohnhaus** am Makartplatz ist in den Räumen der ehemaligen Wohnung der Familie ein Museum eingerichtet worden, welches die Geschichte des Hauses und das Leben in diesen Räumen dokumentiert. Die Familie Mozart lebte dort von 1773 bis 1780.

Das **Museum Carolino Augusteum** ist das Salzburger Landesmuseum für Kunst- und Kulturgeschichte. Das Spektrum des Gezeigten reicht von steinzeitlichen Funden über die römische Siedlung Juvavum, von Mittelalter und Barock bis zur Moderne. Es werden auch immer wieder wechselnde Sonderausstellungen gezeigt.

Das **Dommuseum zu Salzburg** beherbergt Kostbarkeiten aus der 1300jährigen Geschichte der Salzburger Kirche: das Original des Rupertuskreuzes, den Domschatz mit seinen prachtvollen liturgischen Geräten und Gewändern sowie Malerei und Plastik vom Spätmittelalter bis zur Barockzeit. Die Kunst- und Wunderkammer im südlichen Dombogen entführt in die Welt von wundersamen Dingen der Natur und staunenswerten Zeugnissen menschlicher Fertigkeit und Erfindungskraft. Hier sammelten die Erzbischöfe des 17. und 18. Jahrhunderts, was im Sinne der Zeit als exotisch, kurios und besonders kostbar galt. Darüber hinaus werden jährlich wechselnde Ausstellungen präsentiert.

Das **Volkskundemuseum im Monatsschlößl Hellbrunn** bewahrt die volkskundliche Sammlung des Museums Carolino Augusteum. Das Monatsschlößl wurde von Erzbischof Markus Sittikus als Jagdschloß erbaut. Die Sammlung vermittelt einen Eindruck der Salzburger Volkskultur, des Brauchtums, der Wohnkultur und der Volksmedizin. Eine prachtvolle Trachtensammlung stellt einen der Höhepunkte der Ausstellung dar. Beim Besuch des Monatsschlößls empfiehlt es sich, einen Schirm mitzunehmen, um den 15minütigen Fußweg vom Parkplatz zum Museum trocken zurücklegen zu können.

Die **Residenzgalerie** zeigt europäische Malerei des 16. bis 19. Jahrhunderts mit Schwerpunkt des niederländischen (Rembrandt, Rubens, Brueghel ...), italienischen, französischen und österreichischen Barock sowie Meisterwerke der österreichischen Malerei des 19. Jahrhunderts (Waldmüller, Amerling, Makart, Ender ...). Für Schulklassen und Kindergruppen gibt es u. a. ein spezielles Programm zum Thema «Der große Regen kommt». Dies ist allerdings kein Spektakel zum Alltag in Salzburg, sondern der Versuch, Bilder zur

Geschichte der Arche Noah als Klangerlebnis umzusetzen. Kinder sollen der Frage nachgehen, wie Bilder klingen können, sollen die Geschichten, die die Bilder erzählen, akustisch erleben (Altersgruppe 5–10 Jahre).

Wer sich lieber der modernen und zeitgenössischen Kunst widmet, sollte sich einen verregneten Nachmittag lang Zeit für einen Besuch des **Rupertinums** nehmen. In der Arkadenhalle des Museums läuft seit 1998 unter dem Titel «Positionen» eine Reihe raumbezogener Installationen zeitgenössischer Künstler. Die «Graphische Sammlung» stellt vor allem Zeichnungen und Druckgraphiken österreichischer Künstler aus, aber auch Skulpturen und Bilder (Klimt, Thöny, Egger, Kokoschka, Rainer, Gironcoli, Wotruba etc.).

Im **Salzburger Barockmuseum** im Mirabellgarten findet sich eine der bedeutendsten Sammlungen von Entwürfen für Kunstwerke des 17. und 18. Jahrhunderts (Ölbilder und Skulpturen). Im Jahr werden vier bis fünf Sonderausstellungen gezeigt. Es gibt Programme für Kinder und Schulklassen.

Für Kinder besonders geeignet sind **Spielzeugmuseum** und **Haus der Natur**. Näheres dazu findet sich daher im Kapitel 6.

Die **Festung Hohensalzburg**

Der Weg, der zur Festung hinauf führt, ist auch an Regentagen mit etwas soliderem Schuhwerk zu begehen, allein die Fernsicht ist im wahrsten Sinne des Wortes «getrübt». Hat man ein paar Tage zur Verfügung oder ist ein baldiges Ende der Regenperiode abzusehen, empfiehlt es sich, den Besuch der Festung auf einen schöneren Tag zu verlegen. An einem sonnigen Tag im Herbst, wenn das Laub bereits seine unterschiedlichen Farben angenommen hat, ist der Blick auf Stadt und Umgebung ein überwältigendes Erlebnis.

Bleibt der Sonnenschein aus, was in Salzburg mitunter auch bei einem dreiwöchigen Aufenthalt vorkommen kann, sollte man zumindest einen «regenarmen» Tag wählen, da die nicht asphaltierten Bereiche bei schwerem und lang anhaltendem Regen ziemlich matschig werden können. Mit der Festungsbahn kommt man in wenigen Minuten trocken nach oben. Im Herbst ist es an feuchten Tagen dringend zu empfehlen, die Festungsbahn zu nehmen, da es auf dem Gehweg durch das reichlich vorhandene feuchte Laub außerordentlich rutschig werden kann.

Auf der Festung gibt es einiges an regengeschützten Innenräumen zu sehen. Da ist zunächst das **Burgmuseum**: Man kann den Wehrbau und die spätgotischen Fürstenzimmer besichtigen, wobei besonders der aus dem Jahr 1501 stammende Kachelofen in der goldenen Stube ins Auge sticht. Im Rahmen der Führung – bei der man alle wesentlichen Informationen über telephonartige Geräte empfängt,

die es nicht nur in verschiedenen Sprachen, sondern auch mit einem kindergerechten Text gibt – steigt man auf den Reckturm, von dem aus man einen Rundblick über die Stadt hat und (bei geeignetem Wetter) weit ins «Land einischaun» kann. Bei Regen wird allerdings auch der Bretterboden am Turm ziemlich glatt.

Das Museum **Welt der Marionetten** befindet sich in den Fürstenkellern der Festung. Man tritt ein wie in eine Grottenbahn und kann in zwei Räumen viele historische Marionetten des berühmten Salzburger Marionettentheaters anschauen sowie Ausstellungsstücke aus anderen Ländern Europas und Asiens. Es läuft ein Video, das eine Aufführung des Marionettentheaters zeigt; somit ist die Besichtigung des Museums eine preiswerte Alternative (wenn auch gewiß kein vollwertiger Ersatz) für den nicht gerade wohlfeilen Besuch des Marionettentheaters (vgl. S. 85f.). Vor allem für größere Kinder attraktiv ist die Möglichkeit, eine Marionette selbst zu betätigen. (Nach Hause zurückgekehrt, kann es durchaus vorkommen, daß seitens der kleinen Museumsbesucher nun der dringende Wunsch besteht, vorhandene Puppen in Marionetten zu verwandeln. Es empfiehlt sich, zumindest Bindfäden und asiatische Stäbchen vorrätig zu haben.)

Kleinere Kinder werden mehr von den beiden Schauluken im Boden angezogen, durch die man auf einen beleuchteten Kellerboden blicken kann, wo sich ein Märchenpaar samt Schatztruhe sowie ein Sträfling und jede Menge Geldstücke befinden. Durch den Lüftungsschlitz können auch weitere Geldstücke eingeworfen werden.

ADRESSEN, ÖFFNUNGSZEITEN, BEMERKUNGEN:

MOZARTS GEBURTSHAUS

Getreidegasse 9, Tel: 0662/84 43 13
Öffnungszeiten: Täglich von 9 bis 17.30 Uhr (17.30 letzter Einlaß)
Juli/August: 9–18.30 Uhr

MOZART WOHNHAUS

Makartplatz 8, Tel: 0662/88 34 54-40
Öffnungszeiten: 9–18 Uhr. Juli/August: 9–19 Uhr

MUSEUM CAROLINO AUGUSTEUM

Museumsplatz 6, Tel: 0662/62 08 08
Öffnungszeiten: tägl. 9–17 Uhr, Donnerstag 9–20 Uhr. www.smca.at
Ermäßigung für Salzburger Familien mit Familienpaß.

DOMMUSEUM

Zugang Domvorhalle, Büro: Kapitelplatz 6/1, Tel: 0662/80 47-127
Öffnungszeiten: Mai bis Oktober, Montag bis Samstag 10–17 Uhr,
Sonn- und Feiertag 13–18 Uhr.
Ermäßigung für Salzburger Familien mit Familienpaß.
www.kirchen.net/dommuseum

VOLKSKUNDEMUSEUM IM MONATSSCHLÖSSL HELLBRUNN

Tel: 0662/82 03 72-49 21.
Öffnungszeiten: Mai bis Oktober, täglich von 9 bis 17 Uhr
Ermäßigung für Salzburger Familien mit Familienpaß.

RESIDENZGALERIE SALZBURG

Residenzplatz 1, Tel: 0662/84 04 51-0.
Öffnungszeiten: tägl. 10–17 Uhr; Oktober bis Ende März:
Mittwoch geschlossen.
Ermäßigung für Salzburger Familien mit Familienpaß.
www.land-sbg.gv.at/residenzgalerie

RUPERTINUM

Wiener-Philharmoniker-Gasse 9, Tel: 0662/80 42-23 36
Öffnungszeiten: Dienstag bis Sonntag 10–18 Uhr,
Mittwoch 10–21 Uhr. 24. und 25. Dezember geschlossen. 1. Januar 14–18 Uhr. Ermäßigung für Salzburger Familien mit Familienpaß.
Sonderausstellung mit verlängerten Öffnungszeiten.
www.rupertinum.at

SALZBURGER BAROCKMUSEUM

Orangerie des Mirabellgartens. Tel: 0662/87 74 32
Öffnungszeiten: Dienstag bis Samstag 9–12 und 14–17 Uhr.
Sonn- und Feiertag 10–13 Uhr. In der Festspielzeit ist das Museum durchgehend von 9 bis 17 Uhr geöffnet, außer Montag (geschlossen) und Sonn- und Feiertag 10–13 Uhr.
Ermäßigung für Salzburger Familien mit Familienpaß.
www.barockmuseum.at

BURGMUSEUM

auf der Festung
(Tel. siehe Carolino Augusteum)
Öffnungszeiten: 15. September bis 14. Juni: 9.30–17 Uhr, 15. Juni bis 14. September: 9–18 Uhr. Am 1. November und 25. Dezember ist geschlossen.
Für Salzburger Familien mit Familienpaß ist der Eintritt in das Festungsareal frei. Im Innenbereich inkl. Festungsmuseum haben Salzburger Kinder freien Eintritt.

MUSEUM WELT DER MARIONETTEN

auf der Festung
Öffnungszeiten: Von Ostern bis Ende Juni: 10–17 Uhr, in der Hauptsaison (Anfang Juli bis Ende August): 9.30–18 Uhr,
September: 10–17 Uhr, anschließend unregelmäßig.
Rufen Sie an: 0662/84 95 55.
Ermäßigung für Salzburger Familien mit Familienpaß.

Die zweimal jährlich erscheinende Broschüre «Kunst in Salzburg» bietet eine Übersicht über die Ausstellungen und Veranstaltungen der Museen und Galerien. Informationen dazu: Magistrat der Stadt Salzburg, Kulturamt, Tel: 0662/80 72-34 22.

TIP:

Eine preisgünstige Art, Salzburg zu erleben, bietet die **Salzburg Card**. Sie gewährt freie Fahrt mit den öffentlichen Verkehrsmitteln (Kernzone S) sowie einmalige Gratiseintritte für alle Sehenswürdigkeiten und diverse andere Vergünstigungen. Sie gilt 24, 48 oder 72 Stunden und ist an der Hotelrezeption und an allen Informationsstellen der Stadt erhältlich.

Sinnesfreuden für trübe Tage

Wenn es schon nicht möglich ist, in einem lauschigen Garten den Gerstensaft zu genießen, so kann man in Europas größter Bier-Ausstellung zumindest miterleben, wie er gebraut wird. Zudem bietet Stiegl's Brauwelt allerlei Wissenswertes und Kurioses rund ums Bier. Im Eintrittspreis für Erwachsene sind 2 Seidel Bier nach Wahl, Brezel und ein Überraschungsgeschenk inkludiert. Im Preis, den Kinder und Jugendliche von 6 bis 16 Jahren zu bezahlen haben, 1 alkoholfreies Getränk, Brezel und ein Präsent. (Demnach wird man hier ab dem 17. Lebensjahr als Biertrinker eingestuft.)

Man kann entweder an einer Führung teilnehmen (Gruppen ab zehn Personen, vorher vereinbaren) oder alleine durch die Schauräume gehen. Zu sehen ist die Ausstellung «Welt des Biers», das «Stiegl-Museum», welches die Geschichte des Unternehmens zeigt, eine Tonbildschau und die Erlebnisbrauerei, in der gezeigt wird, wie man Bier erzeugt.

Stiegl's Brauwelt räumt auch mit dem Vorurteil auf, daß das Bier eine reine Männersache sei. Nein: Auch Frauen brauen! Im Mittelalter gehörte der Braukessel zur Mitgift, und die Damen hielten „Bierkränzchen" ab.

Stiegl's Brauwelt, Bräuhausstr. 9, Tel: 0662/83 87-1492
Öffnungszeiten: Mittwoch bis Sonntag 10–17. Uhr,
letzter Einlaß: 16 Uhr
Ermäßigung für Salzburger Familien mit Familienpaß. Salzburg Card (siehe Seite 57)
www.brauwelt.at

Wer in einer Phase heftigen Dauerregens nicht mehr glauben will, daß es noch schlimmer zugehen kann, der schaue sich den (im übrigen auch aus anderen Gründen sehenswerten) Film «Gingerbread Man» von Robert Altman an. Für das, was sich da in Louisiana wettermäßig abspielt, wären sogar Beschreibungen wie «Es schifft wie aus Schaffeln» der reinste Euphemismus. Generell ist der Nachmittag vor dem Videorecorder ein durchaus vertretbares Regenprogramm. Man neigt ja ohnehin dazu, mehr an Fernsehprogrammen aufzuzeichnen, als man sich je ansehen kann. Will man sich lieber einen Film in einer Videothek ausleihen, so kann man sich an eine dieser Adressen wenden:

Austria Video Ring, St.-Julien-Str. 2, Tel: 0662/63 58 96
Austria Video Ring, Alpenstraße 122, Tel: 0662/64 21 53
Prohaska Video-Service, Sterneckstraße 59, Tel: 0662/87 64 12
Video Station, Lieferinger Hauptstr. 93, Tel: 0662/43 86 91
Video Zentrum, Siebenstädterstr. 33, Tel: 0662/43 24 36
Für Cineasten, die spezielle Filme aus den letzten 30 Jahren suchen:
Elmo-Video, Brückenstr. 8, Oberndorf, Tel: 06272/54 18

Wer ins Kino lieber *geht*, als es sich mit nach Hause zu nehmen, sei an folgende Adressen in Salzburg und Umgebung verwiesen:

Salzburg:
Das Kino, einziges Programmkino Salzburgs. Themenwochen, Retrospektiven, Klassiker, Filme im Original mit Untertiteln. 2 Säle. Giselakai 11. Telefon: 0662/87 31 00; www.film.at oder www.daskino.at (siehe auch Seite 86)

Elmo Kinocenter, 5 Säle; Montag und Mittwoch: Kinotag; Dienstag: Schülertag; Donnerstag: Damentag (ermäßigte Karten). Café. Saint-Julien-Straße 5. Telefon 0662/87 23 73 (siehe auch Seite 88)

Mozart-Kino, zentral gelegen, 3 Säle. Einziges Kino Salzburgs, in dem man in einem Saal Überreste historischer Römermauern besichtigen kann und das sich überdies rühmen kann, von Romy Schneider besucht worden zu sein. Montag, Dienstag und Mittwoch: Altstadttage mit ermäßigten Karten, Donnerstag: Studententag. Kaigasse 33, Tel: 0662/84 22 22
www.kasererbraeu.at/kino.htm

Cineplexx Salzburg City: Premierenkino beim Bahnhof, 8 Säle. Filmfestivals. Ermäßigte Parkmöglichkeit in der CityCenter Parkgarage für Kinobesucher. Fanny-von-Lehnert-Straße 4, Tel: 0662/ 46 01 01. www.cineplexx.at.

Cineplexx Airport: Premierenkino an der Peripherie; großes Angebot, 10 Säle; Bar, Café, Pizzeria. Airport Center, Wals-Siezenheim; Parkmöglichkeit in der Kinogarage. Erreichbar mit Bus-Linie 77. Tel: 0662/85 01 01. www.cineplexx.at

Umgebung:

Stadtkino Hallein, Kupfergasse 2, 5400 Hallein, Tel: 06245/80 6 14

Kino-Alpine-Filmpalast, Sägewerkstraße 24, D-83395 Freilassing, Tel: 0049/86 54/31 30

Park-Kino-Center, Salzburger Straße 2, D-83435 Bad Reichenhall, Tel: 0049/86 51/27 15

Das aktuelle Kinoprogramm kann man den *Salzburger Nachrichten* und auch deren Homepage (www.salzburg.com/sn/kino) entnehmen. Auch unter der Salzburger Kinonummer (1512) ist das tagesaktuelle Programm aller Kinos und Theater zu erfahren.

RESTAURANTS/GASTHÖFE/HOTELS MIT WINTERGÄRTEN ODER SALETTLN

Zu den unentbehrlichen Sommerfreuden gehört das Sitzen im Gastgarten. Doch nicht nur in der schönen Jahreszeit zieht es uns an luftige, begrünte Plätze statt in die stickige Luft überfüllter Lokale. Die Wintergarten-Industrie floriert im privaten Bereich, aber auch die öffentliche Gastlichkeit bietet zunehmend die Möglichkeit, an kühlen und trüben Tagen draußen zu sitzen und dennoch ein Dach über dem Kopf zu haben. Im Salzkammergut gehört das Salettl als unentbehrlicher Bestandteil zur Wohn- und Hotelleriekultur, damit man auch an den vielen Regentagen die außerordentlich schöne Landschaft genießen kann.

Im Salzburger Freilichtmuseum kann man neben manch anderem ein Salettl aus dem Jahr 1929 besichtigen und besuchen. Es wurde zu einer Gaststätte adaptiert und der ehemalige Bierkeller zu einem Kellerstüberl umgebaut. Wie in vergangenen Jahrzehnten kann man dort rasten und jausnen.

Doch auch der eine oder andere Gasthof und so manches Hotel in und rund um Salzburg bieten einen «geschlossenen Gastgarten». Wir haben hier eine kleine Auswahl (quer durch die Preiskategorien) zusammengestellt:

Sheraton Salzburg Hotel, 5-Sterne-Hotel mit heimischen Gerichten und internationalen Spezialitäten. Wintergarten mit Blick auf den Park. Adresse: Auerspergstraße 4, 5020 Salzburg. Tel: 0662/88 999-0 (Gehobene Preisklasse.)

Roter Salon im Hotel Sacher, Salzburg, 5-Sterne-Hotel. Blick auf die Salzachpromenade. Nationale und internationale Küche. Frühstücksbuffet von 7 bis 10.30 Uhr. Küche von 12 bis 14 und von 18 bis 21 Uhr. Adresse: Schwarzstraße 5-7, Tel: 0662/889 77 (Gehobene Preisklasse.)

Gasthof Riedenburg, gutbürgerliche Küche gehobener Qualität. Ältestes Salettl Salzburgs. Wird aber nur im Sommer bewirtschaftet, da es nach zwei Seiten offen und bei kaltem Wetter ungeeignet ist. Sonntag Ruhetag. Adresse: Neutorstraße 31, Tel: 0662/83 08 15

O´gartl, Restaurant mit zauberhaftem Wintergarten. Sonntag Ruhetag. Von Mai bis Ende September ab 11.30 Uhr durchgehend warme Küche. Sonst von 17.30 bis 22.30 Uhr geöffnet. Adresse: Pfadfinderweg 6–8. Tel: 0662/82 95 07-0. www.hotel-nonntal.co.at

Gasthof Hölle am Stadtrand. Wintergarten mit Platz für 50 Personen, der ab 7 Uhr zur Verfügung steht. (Im Gasthof Hölle kann man im übrigen von 7 bis 22 Uhr frühstücken.) Salzburger-Schmankerl-Küche. Je nach Saison Spezialitätenwochen. Adresse: Dr.-Adolf-Altmann-Str. 2, 5020 Salzburg, Tel: 0662/82 07 60-0

Gasthof-Hotel Doktorwirt, 4-Sterne-Hotel, etwas außerhalb des Stadtzentrums in ländlich-natürlicher Umgebung gelegen. Wintergarten für etwa 20 Personen. Hotelgäste können das Frühstück im Wintergarten einnehmen. Adresse: Glaserstr. 9, 5026 Salzburg. Tel: 0662/62 29 73-0, Fax: 0662/ 62 17 17-25 www.doktorwirt.co.at

Hotel-Restaurant Untersberg, 4-Sterne-Hotel sechs Kilometer südlich von Salzburg. Restaurant mit bodenständiger Küche (aber auch vegetarische Kost). Salettl mit 8 Tischen. Adresse: Dr.-Friedrich-Ödl-Weg 1, 5083 St. Leonhard. Tel: 06246/72 5 75-0, Fax: DW 5 www.salzburg.com/unterkuenfte/untersberg

Schützenwirt, Gasthof mit gutbürgerlicher Küche etwas außerhalb von Salzburg. Adresse: Dorf 92, 5412 St. Jakob am Thurn. Tel: 0662/62 31 00

Panoramagasthof Daxlueg, Wintergarten für ca. 40 Personen, beheizt, Mittag- und Abendessen. Montag Ruhetag. Traumhafte Aussicht. Adresse: Daxluegstraße 5. Tel: 0662/66 58 00

Chinarestaurant Chinesische Mauer Lin KEG, Aigner Straße 16. Tel: 0662/62 26 95

An einem Tag mit unbeständigem Wetter, an dem es nicht allzu kalt und windig ist, kann ein Besuch der Strubklamm und des Gasthofs Seewirt zu einem beeindruckenden Erlebnis werden. Von Salzburg-Elsbethen aus erreicht man den Gasthof über eine abenteuerliche, in den Berg gehauene Straße mit einem Blick in die Schlucht, der nicht ganz Schwindelfreie leicht erschaudern läßt. Das Salettl des Gasthauses scheint über dem Stausee zu schweben, im Sommer kann man dort regengeschützt sitzen. Da der Raum allerdings nicht heizbar und im Sommer offen ist, empfiehlt es sich, einen nicht gar zu unfreundlichen Tag zu wählen.

Adresse: 5324 Faistenau, Tel: 06228/26 53. Donnerstag Ruhetag.

ZAUBERWORT «WELLNESS»

«Wellness» gilt als das Allheilmittel gegen Streß und Anspannung, und die entsprechende Industrie floriert dermaßen, daß es unmöglich wäre, auch nur ausgewählte Hotels anzuführen, die sich diesem Service verschrieben haben. Im Zusammenhang mit dem Schlechtwetter-Streß wollen wir hier nur einen Ort erwähnen, in dem der unterschiedliche Reiz des Wassers einen Kontrapunkt zu dem mitunter lähmenden Geträpfel des Regens setzt: Bad Gastein. Der Wasserfall zum einen und die sprudelnden Thermalquellen zum anderen bieten die Möglichkeit, das Wasser auf beeindruckende bzw. wohltuende Weise zu erleben. Während große Seen in Regenzeiten den deprimierenden Eindruck überdimensionaler Pfützen erwecken, scheint der Wasserfall mit seiner rauschenden Wucht dem Regen Paroli zu bieten: Er kann es einfach noch besser und vor allem lauter als der heftigste Guß! Der Ort Bad Gastein mit seinem nostalgischen, leicht morbiden Charme ist nur 80 km von Salzburg entfernt.

Im **Felsenbad** kann man, von Naturfelsen umgeben, im Thermalwasser schwimmen.

Adresse: Felsenbad Bad Gastein, 5640 Bad Gastein, Tel: 06434/22 23
Öffnungszeiten: 9.30–20 Uhr. Im Winter bis Ostern: 9.30–22 Uhr.
www.felsenbad-gastein.com

Im Sanotel Bad Gastein kann man in der **Römertherme** das schlechte Wetter vergessen. Sie verfügt über eine Badelandschaft mit Wasserfall, Hot-Whirl-Pool, Solargrotten, Saunen und Dampfbad. Einen Platz zum Erholen bietet der Wintergarten mit Blick auf den (natürlichen) Wasserfall.

Adresse: Cordial Sanotel Bad Gastein, Conrad-Strochner-Straße 2,
Tel: 06434/25 01-0

Wer nicht ganz so weit fahren und nur „saunen" will, kommt in der **Volksgartensauna** auf seine Kosten.

Adresse: Ignaz-Rieder-Kai 1a, Tel: 0662/ 62 33 54. Öffnungszeiten:
Montag: 12–21 Uhr. Dienstag bis Samstag: 9–21 Uhr.

Auch bei **«Wellness & Therapie Haslauer»** (vormals: Kurland Studierbadl) kann man es sich auf vielerlei Weise gutgehen lassen. Heubäder sowie Bäder in Ziegenbutter bzw. in einer Mischung aus Milch und Öl (Kleopatrabad) u. v. m. ergänzen die klassischen Moorpackungen.

Adresse: Moosstraße 131. Tel: 0662/82 04 90
Öffnungszeiten: Montag bis Freitag 9–18 Uhr, Samstag nach Vereinbarung.

Nahe gelegene Ausflugziele

Bei Schlechtwetter bieten sich naturgemäß primär jene Orte als Ausflugsziele an, deren Besichtigung regengeschützt erfolgen kann. Das sind neben Ausstellungen vor allem Höhlen und Stollen, in denen ein eigenes, unverändertes Klima herrscht, so daß das Regenwetter zwar die Anreise beeinträchtigen kann, beim Besuch aber durchaus von Vorteil ist:

Das **Salzbergwerk** am Dürrnberg in Hallein:

Das Salzbergwerk ist das ideale Ausflugsziel für einen Regentag, zumal für die Besichtigung des Stollens ohnehin warme Kleidung und festes Schuhwerk anzuraten sind. Die Temperatur im Bergwerk beträgt etwa 10° C und liegt damit nur knapp unter den Durchschnittswerten an einem Regentag im Sommer. Am Eingang zum Stollen erhält man noch einen Schutzanzug, der verhindern soll, daß man die eigene Kleidung beim Durchqueren der engen Gänge und beim Rutschen in niedriger gelegene Stollen beschmutzt. Die Einfahrt mit dem Grubenhunt und die Rutschpartien machen den Besuch des Salzbergwerks auch für Kinder zum reinsten Vergnügen. Zu berücksichtigen ist aber, daß Kinder aus Sicherheitsgründen erst ab einem Alter von 4 Jahren zugelassen sind. Auf der 42 Meter langen Rutsche ist es empfehlenswert, unter den ersten zu sein, die hinunterflitzen, dann steht einem zweiten Durchgang nichts im Wege. Die Tour unter Tag dauert etwas mehr als eine Stunde, eine Zeit, in der man ohnehin nicht mitkriegt, daß oben nicht die Sonne lacht.

Die **Eisriesenwelt** bei Werfen:

Auch in der Eisriesenwelt herrscht eine Temperatur vor, die bei einem Besuch an einem heißen Tag vermutlich ein eher unangenehmes Wechselbad zur Folge hätte. In den Höhlen hat es im Sommer etwa 0° C, man muß sich also entsprechend mit Winterjacken, Handschuhen, Mütze und festen Schuhen ausrüsten. Je mehr sich die Außentemperatur dem Gefrierpunkt nähert, desto weniger muß man für die Tour eigens mitnehmen.

Der Weg, der zum Höhleneingang führt, ist steil und bei extrem schlechtem Wetter nicht ungefährlich. Es ist daher empfehlenswert, diesen Ausflug an einem kühlen und trüben Tag zu unternehmen, an dem jedoch nicht allzu heftiger Regen zu erwarten ist. Bei der Wahl eines geeigneten Termins für den Besuch sollte man überdies auf Samstage mit Urlauberschichtwechsel in Deutschland (d.h. im Grunde jeden Samstag im Juli und August) verzichten. Der Stau auf der Tauernautobahn ist vorprogrammiert, und obwohl das Stehen im Stau an Schlechtwettertagen eher angenehmer ist als bei großer Hitze, ist es dennoch empfehlenswert, diese Strecke an den kritischen Tagen zu meiden.

KLEINE REGENWANDERUNGEN

Es kostet zwar einige Überwindung, sich an Regentagen ins Freie zu begeben, und doch sollte man auch bei schlechtem Wetter nicht immer und automatisch geschützte Räume aufsuchen. Es gibt Landschaften, die bei Regen fast noch an Reiz gewinnen, weil ihnen das Plätschern und Tropfen vom Blätterdach etwas Märchenhaftes verleiht. Dazu gehört etwa das **Bluntautal** nahe Golling. Während sich an den großen Badeseen bei Regenwetter eine unsägliche Tristesse einstellt, weil man in den abgetakelten Segelbooten und den menschenleeren Ufern stets die versagten Freuden vor sich sieht, können kleine Seen und Bäche, von Wald umgeben, bei Regen außerordentlich stimmungsvoll sein. Das Bluntautal erreicht man von Golling aus auf der Straße nach Süden über die Bahn. Nach der Salzachbrücke geht es weiter nach links. Vor dem Beginn des Tales gibt es – vor allem bei Schlechtwetter – ausreichend Parkmöglichkeiten. Man kann dann entweder einen Rundweg gehen, beginnend auf der – kaum frequentierten – Straße bis zur Bärenhütte und über den Waldweg zurück, oder aber man spaziert am Bach entlang, bis man den ersten der beiden kleinen Seen erreicht hat. Die naturbelassene Landschaft mit den bemoosten Steinen und den blaugrünen Gewässern bietet überdies zu fast jeder Jahreszeit einen besonderen Reichtum an seltenen und streng geschützten Pflanzen. Im zeitigen Frühjahr leuchten die weißen Blüten der Schneerosen aus dem Wald, und zu der gewohnten blauen Farbe der Leberblümchen gesellen sich alle Schattierungen von Hell- bis Dunkelrosa. Der kalkreiche Boden behagt auch dem Seidelbast, dessen Blütchen zeitig vor dem Laub erscheinen. Später im Jahr darf man die dunkelviolette Akelei bewundern und verschiedene kleine Orchideenarten, und wenn es Herbst wird,

«Die Veilchen (...) flennen», schreibt Erich Kästner.

hat der Schwalbenwurzenzian seinen Auftritt. Das Bluntautal ist an heißen Tagen ziemlich frequentiert, an Regentagen aber kann man die Schönheiten der Natur weitgehend ungestört betrachten.

Einen ähnlichen, wenn auch etwas «wilderen» Reiz des Wasser-Wald-Gefüges bietet die **Glasenbachklamm**. Sie ist durch prähistorische Funde bekannt geworden und zeichnet sich durch eine besondere Vielfalt an Gesteinsarten aus. Das heftige Rauschen des Baches und der Wasserfälle tritt bei Regenwetter in einen Gegensatz zu dem verhältnismäßig sanften Getröpfel von oben.

Solides Schuhwerk braucht man für einen Besuch des **Nussensees** nahe Bad Ischl, den man in einem etwa 45minütigen Marsch durch den Wald umrunden kann. Die naturbelassene Landschaft mit umgestürzten, ins Wasser ragenden Bäumen bekommt bei Regenwetter etwas Wild-Romantisches. Im Anschluß an den Spaziergang hat man sich eine der zahlreichen Köstlichkeiten verdient, welche die Konditorei Zauner in Bad Ischl anbietet. Durch große Fenster kann man bei Kaffee und Kuchen auf die Esplanade blicken und hoffen, daß der Regen bald ein Ende hat. Der Stollen, den es hier gibt, bietet im Gegensatz zu dem des Salzbergwerks kein unterirdisches, sondern ein überirdisches Vergnügen: Aus feinem Nougat und mit Schokolade überzogen versüßt er auch den trübsten Tag.

ADRESSEN, ÖFFNUNGSZEITEN, BEMERKUNGEN:

SALZBERGWERK

Dürrnberg bei Hallein, Tel: 0 62 45/85 2 85-15
Öffnungszeiten: Winter (1.11. bis 31.3.): 11–15 Uhr,
ab 1.4.: 9–17 Uhr.
Geringfügige Ermäßigung für Salzburger Familien mit Familienpaß.
Salzburg Card (siehe Seite 57)

EISRIESENWELT

Werfen: Vom Parkplatz aus geht man 15 Minuten zur Seilbahn, die zum Dr.-Oedl-Schutzhaus führt. Dann noch mal 15 Minuten zum Portal der Eisriesenwelt in 1641 Meter Höhe.
Öffnungszeiten: Im Sommer 9–16.30 Uhr (letzte Führung).

KONDITOREI ZAUNER

4820 Bad Ischl, Hasenallee 2 (Esplanade) oder Pfarrgasse 7,
Tel: 0 61 32/23 310-20
www.zauner.at
Besonderheit: Die Internet-Seite der Firma Zauner kann man auf englisch oder auf österreichisch abfragen. Warum es österreichisch und nicht deutsch heißt, erklärt sich aus der Geschichte des Zauner-Stollens, welcher seinen Ursprung in einer Mischung aus Oblaten und Nougat-Haselnuß-Masse hat, die nach ihrem Erfinder (Josef Nickerl) «Nickerl-Batz» benannt wurde. (Batz, auch Baaz: österr. für eine weiche, klebrige Masse)

Ein verregneter Samstag mit Kindern

ein verregneter samstag
mit kuchen und sekt
und drei orchideen,
o ja, das schmeckt!

elektrische wärme
und ein grammophon,
ein tango zum träumen –
man mag das schon!

von blaßroten lippen
drei wörter mit chic
verändern das wetter
im augenblick..

So sah H. C. Artmanns Überlebensprogramm für einen verregneten Samstag aus. Es klingt außerordentlich verlockend; doch wenn Kinder dabei sind, ist es schnell vorbei mit dem Tango, dem Träumen und dem, was da sonst noch mitgedacht ist. Regenwetter reduziert die Möglichkeiten, Kinder sich selbst zu überlassen und blaßroten Lippen zu lauschen, dramatisch; sie wollen, wenn man den Babysitter «Fernsehen» nicht über Gebühr strapazieren will, beschäftigt werden.

«Wenn der Regen niederbraust,/ Wenn der Sturm das Feld durchsaust,/ Bleiben Mädchen oder Buben/ Hübsch daheim in ihren Stuben.» So lehrmeisterte weiland Heinrich Hoffmann im bereits erwähnten Fliegenden Robert und lieferte auch gleich das Schreckensbeispiel eines Zuwiderhandelnden: Robert wird mit seinem Schirm davongetragen und ward nicht mehr gesehen. Was moderne Eltern von dieser Mär lernen können, ist nur dies: Man schicke die lieben Kleinen bei Sturm nicht mit einem Schirm hinaus, sondern kleide sie in hübsche, bunte Regenmäntel! Und dann hinaus mit ihnen, aus den Stuben!

BESICHTIGUNGEN/UNTERHALTUNG

Wer in der Innenstadt bleiben will, sollte sich einen Besuch des **Hauses der Natur** vornehmen. Das Haus der Natur verfügt über ein Aquarium, einen Reptilienzoo und ein Insektarium, wo man auch lebende Tiere beobachten kann. Ansonsten gibt es auf 5 Ebenen in über 80 Schauräumen einiges an Naturkundlichem zu bestaunen: Mineralien (darunter ein beeindruckend großer Goldnugget sowie Kristalle aller Art) und Fossilien. Ein kleines Planetarium gibt Einblick in die Welt der Sterne und stellt die Mondlandung nach. Dem Doppler-Effekt und seinem in Salzburg geborenen Entdecker ist reichlich Ausstellungsraum gewidmet. «Der gläserne Mensch» zeigt mit eindrucksvollen Installationen Wissenswertes über die Funktionen unserer Sinnesorgane und unser «Innenleben» im allgemeinen. Es gibt reichlich mit Knopfdruck auslösbare Effekte, so daß sich auch im 4. Stock noch keine kindliche Langeweile bemerkbar macht. In einem «Jugend-Bio-Labor» können Kinder Forscher spielen und im

Kühlschrank bereitgestellte Wassertiere unter dem Mikroskop betrachten. Beim Naturquiz kann das frisch erworbene Wissen auf die Probe gestellt werden. Das Haus der Natur bietet genug zu sehen für mehrere Regentage.

Die menschlichen Mißgeburten im Glas sollte man (wenngleich die Darstellungsform mittlerweile entschärft wurde) in Anwesenheit von Kindern lieber meiden; vergleichsweise harmlos sind dagegen die ausgestopften tierischen Mißbildungen, die auf Kinder (und nicht nur auf sie) eine unwiderstehliche Faszination ausüben.

Die Sonderausstellung «Die Wüste lebt» liefert einen interessanten Beitrag zu unserem Thema, dem Salzburger Regenwetter. Unter dem Titel «Regenlotterie» findet man Täfelchen, die das Regenaufkommen in der Stadt Salzburg in den Jahren 1961 bis 1990 dokumentieren. Klappt man ein Täfelchen hoch, sieht man, wieviel es im gleichen Jahr in der Oase Siwa geregnet hat – meist überhaupt nicht. Nur in sechs Jahren gab es während dieser Zeit in Siwa nennenswerte Niederschläge, am meisten im Jahr 1988, nämlich 41,8 mm. Im selben Jahr verzeichnete man in Salzburg 1452 mm Niederschlag.

Öffnungszeiten: Täglich 9–17 Uhr. Adresse: Museumsplatz 5,
Tel: 0662/84 26 53-0; Kurzinformation: 0662/ 84 06 42
www.hausdernatur.at
Montag und Donnerstag 10.30 Uhr: Fütterung der Haie und Schützenfische. Sonderprogramme im Juli und August. Es besteht überdies die Möglichkeit, im Haus der Natur Kindergeburtstagsfeiern abzuhalten.
Ermäßigung für Salzburger Familien mit Familienpaß.

Das **Salzburger Spielzeugmuseum** gehört zum Carolino Augusteum und ist im Gebäude des historischen Bürgerspitals aus dem 16. Jhdt. untergebracht. Es zeigt historische Spielsachen, Puppenstuben, Zinnsoldaten, verschiedene Varianten der Laterna magica samt Glasdias und der Camera obscura sowie einen Kinematographen von 1910. Die Papiertheater bilden einen besonderen Schwerpunkt im Programm des Spielzeugmuseums. An den unterschiedlichen Modelleisenbahnen können sich auch die Väter erfreuen. Die Miniaturen aus dem Erzgebirge, darunter Puppenstuben in Zündholzschachteln, können als Vorgänger der bei den heutigen Kleinen beliebten Polly-Pocket-Figuren betrachtet werden. Die Palette des präsentierten Spielzeugs umfaßt auch fremde Länder (China, Japan, Indien ...) und reicht herauf bis in die 90er Jahre. Ein Café Tomaselli im Puppenhausformat sorgt für die spezielle Salzburger Note.

Jeden Dienstag und jeden Mittwoch um 15 Uhr findet in den Räumlichkeiten des Spielzeugmuseums eine Kasperltheateraufführung statt. Es empfiehlt sich an Regentagen frühzeitig zu kommen, da der Andrang groß ist und keine Möglichkeit besteht, Plätze zu reservieren. Das Programm wechselt ständig, man kann während einer längeren Regenphase auch mehrmals hingehen. Es empfiehlt sich aber trotzdem vorher anzurufen, denn auch die Puppenspielerin kann einmal erkranken oder auf Urlaub gehen.

Wie überall, wo man Kinderbesuch erwartet, werden natürlich auch im Spielzeugmuseum allerlei Dinge zum Kauf angeboten, welche spontan die Begehrlichkeit der lieben

Kleinen erwecken. Der Vorteil ist hier aber, daß auch die käuflich erwerbbaren Spielsachen in Vitrinen präsentiert werden, so daß man Kinder, die Preisschilder noch nicht als solche zu identifizieren vermögen, mit der Behauptung täuschen kann, es handle sich um Exponate zeitgenössischen Spielzeugs.

Adresse: Bürgerspitalgasse 2. Öffnungszeiten: täglich 9–17 Uhr. Tel: 0662/84 75 60. Ermäßigung für Salzburger Familien mit Familienpaß.

In den **Prunkräumen** der **Residenz**, den ehemaligen Repräsentations- und Wohngemächern der Salzburger Fürsterzbischöfe, gibt es spezielle Ferienprogramme. In den Weihnachtsferien finden Kinderführungen unter dem Motto «Kunst zum Anfassen» statt (Altersgruppe 7 bis 13 Jahre). Eine vorherige Anmeldung ist ratsam. Auch in den Sommerferien werden Kinderführungen zu unterschiedlichen Themen veranstaltet.

Information und Anmeldung: 0662/83 16 45
Adresse: Residenzplatz 1. Tel: 0662/80 42 26 90.

Wer sich und seinen – schon etwas größeren – Kindern etwas Besonderes gönnen will, kann sich einen Besuch einer Opernaufführung des **Salzburger Marionettentheaters** vornehmen. Es werden in erster Linie die fünf Mozartopern aufgeführt, aber es stehen auch Rossini und Offenbach sowie ein Ballett und die Operette «Die Fledermaus» auf dem Spielplan. In dem barocken Theatersaal finden auch Nachmittagsvorstellungen zu kinderfreundlichen Zeiten (14 und 16 Uhr) statt. Es werden auch immer wieder Stücke für

Kinder aufgeführt. Den Spielplan kann man via Internet abfragen (www.marionetten.at) oder im Kartenbüro (Polzer, Residenzplatz 3, Tel: 0662/84 65 00-0) einsehen. Kartenerwerb ist ebenfalls via Internet oder an der Tageskasse (Montag bis Samstag 9–13 Uhr und 2 Stunden vor Vorstellungsbeginn) möglich.

Adresse: Schwarzstraße 24, Tel: 0662/87 24 06–0.

Großen Spaß haben Kinder auch bei einem Besuch des **Salzbergwerks Bad Dürrnberg** (Näheres siehe Seite 72). Wenn man wenig Zeit und die Festung bereits «erklommen» hat, bietet sich ein Blick ins Museum **Welt der Marionetten** (Näheres siehe Seite 54) an.

KINO FÜR KINDER

Verschiedene Kinos bieten Kinderfilme an:

Das Kino zeigt nachmittags Kinderfilme und bringt überdies auch Kasperltheateraufführungen. Das Kasperltheater kann man von Oktober bis April Dienstag und Donnerstag besuchen (Aufführungen um 15 und um 16 Uhr). Beim Kinderkino läuft die Spielzeit von September bis Ende Juni. Vorstellungen immer am Wochenende, fallweise auch unter der Woche. In den Ferien gibt es täglich Nachmittagskino. Das Programm des Kinderkinos kann man kostenlos anfordern.

Adresse: Giselakai 11, Tel: 0662/87 31 00; www.film.at oder www.daskino.at

Caractère

Das **Elmo Kino-Center** in der St.-Julien-Straße 3–5, Tel: 0662/87 23 73, bietet Salzburger Familien mit Familienpaß einen ermäßigten Eintritt. Erwachsene zahlen dann nur genausoviel wie Kinder.

Auch **Cineplexx Salzburg City** und **Cineplexx Salzburg Airport** bieten Kinderfilme.

Eine preiswerte Möglichkeit, Videos, CDs, Computerspiele, Kinderkassetten etc. zu leihen, stellt die Mediathek der Stadtbücherei dar.

Adresse: Franz-Josef-Str. 4, Tel: 0662/80 72-21 55
Öffnungszeiten: Montag, Donnerstag, Freitag: 10–18 Uhr, Dienstag und Mittwoch: 15–19 Uhr.

BADEN UND PLANSCHEN

Haben sich die Kinder partout aufs Baden eingestellt, muß man sich, wenn's draußen nicht möglich ist, mit dem Besuch eines Hallenbads abfinden. Im **Paracelsus Bad & Kurhaus** können sich ältere Kinder bei einer Wassertemperatur von 28° C im Kindererlebnisbecken mit Rutsche, Piratenschiff, Stömungskanal und Wasserfall vergnügen. Für die Kleinen gibt es ein Planschbecken. Es besteht keine Badehaubenpflicht.

Adresse: Auerspergstr. 2, Tel: 0662/88 35 44.
Öffnungszeiten: Montag bis Freitag 10–20 Uhr, Sa, So, Feiertag 10–19 Uhr. (Im Sommer kann zwei Wochen lang geschlossen sein, daher empfiehlt es sich, anzurufen.)

Wer einen etwas weiteren Weg auf sich nehmen will, kann ins benachbarte Berchtesgaden in die **Watzmann-Therme** fahren. Hier findet man auf 900 qm Wasserfläche alles, was das Badeherz begehrt: Ein Erlebnis-Becken mit 80-Meter-Rutsche für die Größeren, einen Mutter-Kleinkind-Bereich für die jüngeren Gäste. Die Vorzüge der zwei großen Ruheräume wird man im Beisein der Nachkommenschaft nicht genießen können. Dafür bietet der Watzmann-Kinder-Club während der Ferien (Sommer, Weihnachten) am Dienstag und Donnerstag von 13 bis 17 Uhr eine Betreuung der Kleinen durch eine Kindergärtnerin an.

Adresse: Bergwerkstr. 54, D-83471 Berchtesgaden.
Tel: 0049/86 52-94 64-466. Öffnungszeiten: Täglich von 10–22 Uhr, Badezeit bis 21.45 Uhr.

Im nahe gelegenen Freilassing gibt es die Sport- und Freizeitanlage **Badylon** mit Hallenbad, Sauna und einem Restaurant. Das Badylon ist weniger exklusiv, dafür aber kostengünstiger als die Watzmann-Therme.

Adresse: Laufener Straße 22, D–83395 Freilassing.
Tel: 0049/86 54/49 38-0. Öffnungszeiten: Montag bis Freitag: 14 bis 21 Uhr, Samstag, Sonn- und Feiertag 10 bis 21 Uhr. Sauna.

TIP:

Für Besucher der Stadt Salzburg gibt es die Family-Card. Sie umfaßt folgende Leistungen: Wohnen in einem Stadthotel der 4- oder 5-Sterne-Kategorie; einmalige Eintritte in alle Sehenswürdigkeiten; freie Fahrt für die ganze Familie mit den öffentlichen Verkehrsmitteln der Stadt (Kernzone S); diverse Vergünstigungen. Information (++43)(0)662/88 98 87-0

Regen im Recht

Schlechtwetterbedingte Streitfälle

Das Schlechtwetter schlägt uns per se schon aufs Gemüt und stimmt uns demzufolge in Streitfällen nicht unbedingt versöhnlich. Naßgespritzte Kleidung, entfallene Vorstellungen, schutzsuchende Katzen, nicht ausreichend regentolerante Gewänder, undichte Dächer: Mit welchen juristischen Entscheidungen muß oder kann man rechnen?

1. Fall: Wer hat es nicht schon am eigenen Leib erfahren: Ein Autofahrer rast durch eine Wasserlache, und der Fußgeher auf dem Trottoir erlebt eine unfreiwillige Dusche, oft auch verbunden mit einer Teil-Körper-Schlammpackung. Kann man vom Autofahrer Ersatz fordern? Theoretisch ja: Ausdrücklich verpflichtet § 20 der Straßenverkehrsordnung den Lenker eines Fahrzeugs, die Geschwindigkeit so zu wählen, daß er nicht «andere Straßenbenützer oder an der Straße gelegene Sachen beschmutzt oder Vieh verletzt, wenn dies vermeidbar ist». Verstößt der Autofahrer gegen diese Verpflichtung, droht nicht nur eine Verwaltungsstrafe von bis zu ca. 730 Euro; der Lenker haftet auch für den durch ihn entstandenen Schaden und müßte theoretisch für die Reinigung der Kleidung des betroffenen Fußgehers aufkommen – theoretisch, denn wer hat, während er durch Schütteln und Trockenwischen des benetzten und beschmutzten Gewandes das Schlimmste wiedergutzumachen sucht, schon Zeit, rasch eine Autonummer zu notieren? Gelingt dies aber doch, steht einer Klage gegen den Autofahrer nichts im Wege!

2. Fall: Eine Vorstellung unter freiem Himmel entfällt aufgrund von Schlechtwetter.

Generell schließt man mit dem Anbieter einer Freiluftveranstaltung einen Werkvertrag ab, das heißt, er schuldet Erfüllung. Kann er dem nicht nachkommen, weil die Veranstaltung aus Gründen, die nicht auf seiten des Auftraggebers liegen (was man vom Regen schwerlich behaupten wird können), entfällt, so wird er schadenersatzpflichtig; der Kunde muß sein Geld zurückbekommen oder eine Ersatzleistung angeboten bekommen. Im Prinzip ist dies auch dann der Fall, wenn die Veranstaltung mittendrin abgebrochen wird, denn man will ja keine «halben Sachen» sehen. Es ist jedoch jederzeit möglich, solche allgemeine Regeln durch Vereinbarungen abzuändern, denen sich der präsumtive Besucher mit dem Kauf der Karte unterwirft. In vielen Fällen werden Veranstalter die Schadenersatzansprüche bei abgebrochenen Darbietungen ausschließen (durch diesbezüglichen Vermerk auf der Eintrittskarte etwa).

Die Salzburger Freilichtaufführung schlechthin ist der «Jedermann» auf dem Domplatz. Hier ist – was angesichts der Kartenpreise nicht verwundern wird – für eine Ersatzvorstellung im großen Festspielhaus gesorgt, mitunter wird auch während der Vorstellung übersiedelt. Kein Ersatz wird für die Generalprobe geboten, die grundsätzlich auf dem Domplatz stattfindet und bei Regen entfällt. Erstaunlicherweise fanden in den letzten Jahren etwa 80% der Vorstellungen zumindest teilweise unter freiem Himmel statt, nur 1996 war ein trübes Jedermann-Jahr: Von insgesamt acht

Vorstellungen konnten nur drei auf dem Domplatz aufgeführt werden.

3. Fall: Ein nicht ganz billiges Wollkostüm übersteht einen «in unseren Breiten durchaus üblichen Regen» nicht unbeschadet. Auf dem Weg von der Haustür bis zum Auto kommt die Trägerin kurz in den Regen, woraufhin sich auf dem Stoff dunkle und leider bleibende Flecken bilden. Das Gericht hat nun die Frage zu entscheiden, ob die Flecken auf die Beschaffenheit des Regens oder auf die des Gewebes zurückzuführen sind. Selbstverständlich behauptete die Herstellerfirma, die Flecken seien auf den «sauren» Regen zurückzuführen, und wies die Reklamation zurück. Ein beauftragter Sachverständiger hingegen kam zu dem Schluß, daß das Gewebe zwar nicht wasserdicht sei, bei leichtem Regen jedoch die Tropfen abweisen hätte müssen, zumal es sich bei dem Material um Schurwolle mit Lodencharakter handelte, welche «gerade als Schutz gegen kühle und unfreundliche Witterung gedacht» sei. Fazit: Die Käuferin kann vom Vertrag zurücktreten und muß – da der Mangel auf wirtschaftliche Weise nicht behoben werden kann – ihr Geld zurückerhalten.

4. Fall: Der Albtraum bei jedem heftigen Gewitter wird wahr: Es regnet durchs Dach ins Haus. Tritt nun Wasser von oben in eine Mietwohnung ein, so hängt die Entscheidung, ob der Vermieter für den Schaden haftet, von der Frage ab, ob es sich bei dem Unwetter um ein Elementarereignis (einen außerordentlichen Zufall) handelte oder ob ein Mangel des Hauses im Dachbereich den Wassereinbruch ermöglicht hat. Von einem Elementarereignis kann in solch einem Fall aber nur die Rede sein, wenn durch das konkrete Unwetter die Außenhaut des Hauses oder das Dach beschädigt wurde und dadurch der Regen eindringen konnte. Andernfalls haftet derjenige, der für Instandhaltung des Hauses verantwortlich ist, also der Vermieter, für den Schaden; es sei denn, er kann beweisen, daß der Schadenseintritt nicht vorhersehbar war, weil er außerhalb jedes Einflußbereiches für Instandhaltungs- bzw. Pflegemaßnahmen lag und der Wassereintritt durch den starken Regen angesichts der Beschaffenheit des Hauses für ihn nicht abschätzbar war. (Ist die Wohnung aufgrund des Regenschadens im übrigen für gewisse Zeit nicht benutzbar, so entfällt für diesen Zeitraum die Verpflichtung des Mieters zur Mietzinszahlung – selbst dann, wenn den Vermieter kein Verschulden trifft!)

5. Fall (der eher in die Rubrik «Heiteres» fällt, im Wiederholungsfall aber doch auch einigermaßen lästig werden kann): Die Katze Ihres Nachbarn wird auf Streifzügen durch «ihr Revier» von einem Gewitterregen überrascht. Sie haben ein Fenster in Ihrer Parterrewohnung offen, und das regenscheue Tier sucht in Ihrem Bett Zuflucht. Wenn Sie nun annehmen, dies stelle eine Besitzstörung dar und Ihr Nachbar sei – als Halter der Katze – schuldig, künftig derartige Störungen zu unterlassen, müssen Sie mit der Möglichkeit rechnen, daß sich das Gericht Ihrer Meinung nicht anschließt.

Regen-Segen?

Ein paar gute Seiten müssen wir dem Regen schon zugestehen. Die Überflüssigkeit von Klimaanlagen wurde bereits erwähnt, und wer immer aus einer von Hitze und Trokkenheit versengten Region nach Salzburg zurückkehrt, wird erkennen, wie grün hier alles ist, die Wiesen und die Bäume. Die Natur wirkt bei Regen satt und frisch, wenn er nicht allzu lange dauert; und genau dies ist in Salzburg stets der springende Punkt: daß der Niederschlag wieder aufhört, bevor sich unbekömmliche Pilze und Fäulnis breitmachen. Stellt man nach einer längeren Trockenheitsperiode seine Kübelpflanzen in den Regen, kann man sehen, wie sie aufleben, auch jene, die mediterrane Verhältnisse gewohnt sind. Man wird zugeben: Regen kann durch Leitungswasser nicht ersetzt werden, und wo er nicht über die Maßen «sauer» ist, kommt er der Pflanzenwelt zugute. Was wir an Blüten einbüßen, weil sie die Dauernässe schlechter ertragen, bekommen wir durch Blatt- und Wiesengrün ersetzt. Für den Regen gilt, was die englischen Gartenkolumnistin Ursula Buchan über das Wasser im allgemeinen sagt: Es ist – wie das Feuer – ein guter Diener, aber ein schlechter Herr.

Neben den Gärtnern sind es die Dichter und Chansonniers, die dem Regen einiges abzugewinnen wissen; sie schätzen das schlechte Wetter aus unterschiedlichen Gründen, mögen sie nun seelen-entlastender oder sinnes-belebender Natur sein, daher wollen wir sie in diesem Abschnitt etwas häufiger zu Wort kommen lassen. Christian Morgenstern vermutete im Regenwetter gemütsberuhigende Qualitäten, demnach müßte Salzburg eine Stadt voll der Beschaulichkeit sein:

Palmström lobt das schlechte Wetter sehr,
denn dann ist auf Erden viel mehr Ruhe;
ganz von selbst beschränkt sich das Getue,
und der Mensch geht würdiger einher.

Schon allein des Schirmes kleiner Himmel
wirkt symbolisch auf des Menschen Kern,
denn der wirkliche ist dem Gewimmel,
ach, nicht ihm nur, leider noch recht fern.

Durch die Gassen oder im Gefilde
wandert Palmström, wenn die Wolke fällt,
und erfreut sich an dem Menschenbilde,
das sich kosmo-logischer verhält.

Natürlich hat das Regenwetter einen günstigen Einfluß auf das Besinnliche, die Kosmo-Logik, um mit Morgenstern zu sprechen. Doch auch dem Sinnlichen ist das Regenwetter nicht abträglich, wie schon H. C. Artmann mit seinem Vorschlag zur Gestaltung eines verregneten Samstags (siehe Seite 80) zeigte. Dem frisch Verliebten ist ein heftiger Guß egal, im Gegenteil, er lädt zum Singen und Tanzen ein; man führe sich nur den steppenden Fred Astaire in dem Klassiker «Singin' in the rain» vor Augen oder so manche Filmszene, in der ein Paar – er: triefend, sie: triefend – doch noch zueinander findet.

Generell lädt der Regen Sänger und Texter aller Art dazu ein, sich selbst als strahlenden Gegensatz zum unerfreulichen Wetter anzubieten, nach dem Motto: «And when the rain begins to fall, i'll be the sunshine in your life …» Das Herz hat der Sitz der Sonne zu sein, «ob's stürmt oder schneit», und das verliebte tut sich da um einiges leichter; es entwickelt nicht nur eine besondere Widerstandskraft gegen den schlechtwetterbedingten Unmut, nein, es weiß Regen und Gewitter sogar eigens zu würdigen. «Sprecht vom Regen mit mir oder laßt mich in Ruh», singt der französische Chansonnier Georges Brassens und erzählt, wie ihm Blitz und Donner des Nachbarn hübsche Frau ins Haus trieben, die allein zu Hause war, während ihr Mann – Vertreter einer Blitzableiterfirma – auf Kundenfang war. «Da hab' ich Benjamin Franklins Namen gelobt,/ Hab' sie sicher beschützt, solang das Wetter tobt,/ Und alles andere tat die Liebe!» In Salzburg wären dieser Art der Nachbarschaftshilfe in so manchem Sommer rosige Zeiten beschieden, der Blitzableitervertreter käme vom Außendienst so schnell nicht zurück.

Aber nicht nur drinnen läßt sich liebes-logistisch vom Regen profitieren, auch draußen gibt's manch nettes, wenn auch mitunter flüchtiges Erlebnis zu besingen, das durch die Abgeschiedenheit unter dem gemeinsamen Regenschirm erst möglich wird, wie dieses Chanson von Brassens zeigt:

Der Regenschirm (Le parapluie)

Die Straße war schon ziemlich naß,
Sie lief ganz ohne Schirm im Regen,
Ich hatte einen – ich «vergaß»
Ihn wohl dem Freund zurückzugeben.
Ich lauf ihr nach, frag sie, ob nicht
Ein Plätzchen unterm Schirm sie mag,
Sie wischt das Wasser vom Gesicht
Und sagt mit zarter Stimme: ja.

Refrain:
Ein Stück des Parapluies
Für ein Stück Paradies,
Das Mädel war engelsgleich.
Ein Stück des Parapluies
Für ein Stück Paradies,
Dies Tauschgeschäft machte mich reich. – Gewiß!

Während wir so dahinmarschiern,
Hörn wir zu zweit die süße Weis',
Welche am Dach von meinem Schirm
Die Himmelswässer spielen leis'.
Da wünscht 'ne Sintflut ich, 'ne rechte,
Es sollte regnen ohne End,
So daß ich vierzig Tag und Nächte
Sie unterm Schirm behalten könnt'.

Refrain

Doch leider führn, selbst bei Gewittern,
Die Straßen immer an ein Ziel,
Das ihre sollte bald verbittern
Mein närrisches Gedankenspiel.
So mußte sie mich denn verlassen,
Nachdem sie heftig mir gedankt,
Ich sah ihr Bild langsam verblassen,
Als fröhlich sie vor mir entschwand.

Es ist jedoch nicht nur die flüchtige, in günstigeren Fällen auch anhaltende Freude, unterm Schirm zusammenrücken zu dürfen, weil es das Wetter gebietet, die wir in unserem warm-gemäßigten Regenklima unter «Vorteile» verbuchen dürfen; es gibt auch noch eine andere – unmittelbare – witterungsmäßige Begünstigung: Was wir im Frühjahr und Sommer büßen, machen der Herbst, vor allem aber der tiefe Winter meist wett. Während etwa um die Weihnachtszeit und im Januar in Wien oft schwerer und anhaltender Nebel auf die gute Laune drückt und die Stimmung verdirbt – ein Grau in Grau, das durch den feinen Staub des zermahlenen Streusplitts in Verbindung mit beißendem Wind verschlimmert wird –, darf man sich hierorts mitunter tagelang über strahlenden Sonnenschein freuen. Die fehlenden Wärmegrade, die man im Sommer oft beklagt, sorgen nun dafür, daß sich der Regen in Schnee verwandelt. Unsere Chancen auf weiße Weihnachten oder zumindest eine zeitweise überzuckerte Adventszeit stehen hier besser als in der Bundeshauptstadt, was romantische Gemüter von nah und fern alljährlich das vorweihnachtliche Salzburg und seine verschiedenen traditionellen Veranstaltungen stürmen läßt. Was der Regen an trüber Stimmung brachte, wird durch die Helligkeit des Schnees und den Sonnenschein an kalten, klaren Wintertagen aufgewogen. So wollen wir uns trösten, bis der nächste verregnete Juli kommt. Dann müssen wir es wieder mit Thomas Bernhard halten, der in einer ungewöhnlich versöhnlichen Frühphase seines Schaffens schrieb:

«Du schöne Stadt am Salzachfluß,
Ich schloß dich in mein Herz,
Trotz täglich starkem Regenguß
Und kindlich hartem Schmerz.»

Will man den kritischeren Thomas Bernhard kennenlernen, so hat man während einer Schlechtwetterperiode gute Chancen, alle fünf Bände der Autobiographie zu bewältigen; denn wenn man keine Kinder beschäftigen und kein Besichtigungspensum absolvieren muß, ist eine Regenphase natürlich auch die beste Gelegenheit zum Lesen. Salzburg bringt Serien von Regentagen hervor, an denen man sich endlich über den «Zauberberg» oder den «Mann ohne Eigenschaften» drübertrauen kann, ohne befürchten zu müssen, daß man ob der häufigen Unterbrechungen den Faden verliert. «Auf der Suche nach der verlorenen Zeit» verlangt

schon eine mittlere Sintflut. Aber auch die gibt es immer wieder in Salzburg, Wochen, in denen man denkt: Wann schickt uns der Herrgott die Arche – die beste Zeit für ein Buch, wenn das Wasser vom Himmel fällt und nicht als See oder Meer zum Eintauchen verlockt.

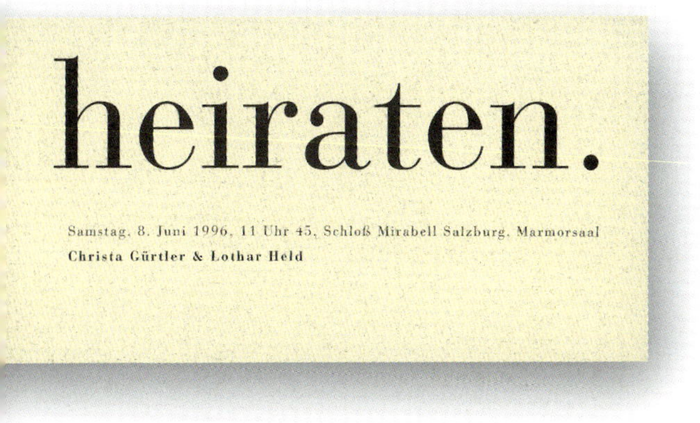
heiraten.

Samstag, 8. Juni 1996, 11 Uhr 45, Schloß Mirabell Salzburg, Marmorsaal

Christa Gürtler & Lothar Held

Und wenn es endlich aufgehört
oder gar nicht erst angefangen hat . . .

Es ist kaum vorstellbar, daß jemand nach einer ausgedehnten Regenperiode Sehnsucht nach mehr Wasser hat, es sei denn in Form eines Sees oder eines Swimmingpools. Wer dennoch nicht genug hat von dem Gepritschel oder das seltene Glück hatte, regenfreie Tage zu erleben, der kann auf zweierlei Weisen in den Genuß einer typischen Salzburger Dusche kommen.

Da wären zunächst die Wasserspiele in Hellbrunn. Als Sommerresidenz des Fürsterzbischofs Markus Sittikus von Hohenems erbaut, stellt das Lustschloß Hellbrunn mit seinem weitläufigen Park einen der prächtigsten Renaissance-Bauten nördlich der Alpen dar. Die architektonischen Reize werden durch Wasser als vielfältiges Gestaltungselement ergänzt: Teiche mit und ohne Fischbesatz, sprudelnde Quellen, dem Hellbrunner Berg entstammend. Den hohen Kirchenherren stand der Sinn nach Unterhaltung und üppigen Festen, und weil es sich seit jeher auf Kosten anderer am besten lacht, wurden an allen Ecken und Enden des Schlosses verborgene Spritzbrunnen installiert. Und so genießt heute, fast 400 Jahre später, der Fremdenführer die Freuden der Erzbischöfe, wenn er nach der Besichtigung der Grotten und wasserbetriebenen Figurenspiele die versteckten Mechanismen aktiviert und die Besucher vor dem plötzlichen Wasserstrahl kreischend davonhüpfen.

An heißen Tagen ist der Besuch der Wasserspiele ein wahres Vergnügen. Für Besucher mit Kindern sei erwähnt, daß sich in den Parkanlagen von Hellbrunn auch ein bestausgestatteter Spielplatz befindet.

Schloß und Wasserspiele Hellbrunn, Fürstenweg 37,
Tel: 0662/82 03 72-0. Salzburger Kinder mit Familienpaß haben freien Eintritt. Wasserspiele von April bis November geöffnet.

Ein eigenwilliges Erlebnis für Gäste, die in Salzburg wenigstens einmal ein richtiges «Schnürlregen-Feeling» erleben wollten und die nun durch eine Schönwetterperiode «enttäuscht» werden, bietet das Hotel Rupertushof an: eine spezielle «Erlebnisdusche», welche das meteorologische Wahrzeichen Salzburgs im Namen trägt. Im Wellness-Bereich des Hotels, dem «Saunarium», kann man's fröhlich auf sich herabprasseln lassen, mit dem nicht zu unterschätzenden Vorteil allerdings, daß man dabei nicht frieren muß.

Adresse: 5081 Neu-Anif bei Salzburg, Tel: 0 62 46/89 70
www.hubertushof-anif.co.at. Tägl. 16–22 Uhr

Kleines Wörterbuch überlieferter Regensarten

REGE

GEN

drippeln: (landsch.) sanfte Regensart

flesseln: (öst. umgangsspr.) Da kommt schon einiges herunter. Steigerungsstufe von pritscheln.

gießen: Fälschlich aus der Gärtnersprache entlehnter Vergleich für einen Niederschlag, bei dem außerordentlich viel Wasser zu Boden fällt. Im Gegensatz zur Gießkanne, die bald einmal leer ist, hat die Regenwolke ein ungeheures Fassungsvermögen. Der Vergleich greift also nur, wenn man ihn auf ein – in solcher Intensität den Pflanzen abträgliches – Bewässern mit dem Gartenschlauch bezieht.

kübeln: Sehr heftiger Regen, bei dem bildlich Kübel geleert werden; steigerbar durch Ergänzungen, bei denen der Kübel durch größere Behältnisse erweitert wird (s. unten).

nieseln: im Unterschied zum Tröpfeln ein Niedergehen von Nebeltröpfchen, bei dem zu hoffen ist, daß es sich selbst treu bleibt.

pinkeln/schiffen: Obwohl beide Begriffe vom selben Vergleich ausgehen (regnen als urinieren), suggeriert das österreichische «Pinkeln» von seinem Klangbild her eher einen sanften, tröpfchenweisen Niederschlag, während das deutsche «Schiffen» die Vorstellung größerer Niederschlagsmengen aufkommen läßt. Daraus folgende Rückschlüsse auf eine unterschiedliche Beschaffenheit der deutschen und der österreichischen Blase können in diesem Rahmen nicht erörtert werden. Eine sehr derbe Variante jener Metapher, welche den Vorgang des Regnens mit dem Wasserlassen vergleicht, ist: brunzen, vor allem in der Redewendung: «Es brunzt wie die Sau.» Launiger dagegen: pieseln.

pladdern (wie mit Mollen): Da läßt der Himmel schon einiges auf uns herunterprasseln.

pritscheln: ausdauernder, nicht allzu heftiger Regen.

schiffen: s. pinkeln

schütten: Suggeriert ungebremst aus einem Behälter fliessendes Wasser. Heftiger als gießen, wobei man immerhin noch einen Verteiler in Form eines Brauseaufsatzes der Gießkanne mitdenken kann.

sprühen: sanftes Regnen in kleinsten Tropfen (in Salzburg eher seltene Regensart)

tröpfeln: Moderater Regen; ein Regenzustand, bei dem es leider meist nicht bleibt und der nur die Einstimmung auf gröbere Güsse darstellt.

wascheln: öst. umgangsspr. für ziemlich heftigen Regen.

REGEN- & SCHLECHTWETTER:

Hundewetter: Unter den mit Tiernamen versehenen Wetter-Arten noch die gemäßigtere Form (vgl. Sauwetter). Allerdings eine Schlechtwetterform, bei der auch der Mensch mitbetroffen ist, der sich – zur Sicherung von Hab und Gut oder aus bloßer Neigung – den Hund zugelegt hat und nun zweimal täglich mit ihm eine Verdauungsrunde dreht: Er muß buchstäblich bei jedem Wetter auf die Straße; ein Umstand, der eine neue Definition des Wortes «Hundewetter» nahelegt als jenes, bei dem man höchstens zum «Äußerln-Gehen» mit dem Vierbeiner das Haus verläßt. Die Hundebekleidungsindustrie war nicht faul und hat Teile erfunden, die dem besten Freund des Menschen zumindest «Rückendeckung» verschaffen; besonders bei «Kurzhaar-Rassen, jungen und kranken Tieren» empfehlen Tierärzte «Schal und Mantel» (SN vom 18. 01. 00). Schirm und Charme muß aber wohl der Besitzer mitbringen. Die englische Variante des Hundewetters bezieht auch Katzen mit ein: «It's raining dogs and cats.»

Landregen: Hier besteht kaum eine Chance auf Wetterbesserung. Die Front hat sich nachhaltig etabliert.

Niederschlag: Alles, was von oben kommt und früher oder später zu Wasser wird.

Oaschweda: Ein Ausdruck, der sich dem Umstand verdankt, daß im Österreichischen das Wort «Arsch» als Eigenschaftswort zur Bezeichnung von besonders Widerwärtigem gebräuchlich ist.

Regenfälle: Summe des «Geregneten» über einen bestimmten Zeitraum hinweg.

Regenfront: Begriff aus der Sprache der Wettervorhersage, dem etwas Bedrohliches anhaftet. Verheißt – im Gegensatz zum Azorenhoch – länger anhaltendes Übel.

Sauwetter: Derbe Steigerungsstufe des Hundewetters. Hier werden die meist heftigen Niederschläge oft auch von Sturm begleitet.

Schauer: Kurze Regenphase. Euphemistische Bezeichnung des Regens durch den Wetterbericht. Das Wort «Schauer» suggeriert hier fälschlich einen zeitlich begrenzten Vorgang.

Graupelschauer: Soft-Variante des Hagels. Dazu Georg Ringsgwandl aus dem benachbarten Bayern: «Wenn's Radio Graupelschauer sagt, kannst eh nix tun, bloß arbeiten,/ wer geht schon gern spazieren im kalten Regen?/ Es mobben dich ein Schwab, ein Hesse & draußen überfrierende Nässe, nix ist echt so wie im Katalog.»

Schmuddelwetter: Damit bezeichnen unsere deutschen Nachbarn wohl jenes Grau in Grau, bei dem der Regen jederzeit im Rahmen des Möglichen ist, aber noch nicht zwangsläufig eingesetzt hat.

Schnürlregen: Als *die* Salzburger Regensart das flüssige Pendant zur Mozartkugel.

Unwetter: Niederschlag in großen Mengen oder in fester Form (Hagel), bei dem meist auch Sturmböen beteiligt sind und bei dem mit fatalen Folgen (Überschwemmung, Vermurung, Zerstörung) zu rechnen ist.

Wolkenbruch: Plötzlich und unerwartet kommen große Wassermassen zu Boden. Diese gängige Metapher ist jedoch insofern eigenartig, als Wolken nicht gerade das Erscheinungsbild bruchgefährdeter Gegenstände wie etwa Vasen haben; schon eher würde man sie platzen sehen wie Wasserbomben, das Ergebnis wäre dann der «Platzregen». Allerdings, das lehren die Juristen, können wir die Heftigkeit eines schweren Regens ohnehin nicht beurteilen, denn: «Es ist notorisch, daß auch unbefangene Personen, wenn sich plötzlich der Himmel verdunkelt und ein starker Wolkenbruch niedergeht, als beiwohnende Personen das Ereignis geradezu als Untergang der Welt bezeichnen, wenn nur eine entsprechende Verdunkelung in entsprechenden Graden eintritt und ein Wasservorhang auftritt, der die Häuser vis-à-vis kaum mehr erkennen läßt. Die tatsächliche Intensität des Regens, nämlich die tatsächliche Quantität herabstürzenden Wassers, die auch wieder in Relation zur herabstürzenden Zeit gesehen werden muß, wird durch solch subjektive Eindrücke kaum wahrgenommen. Am ehesten zu folgen wird Landwirten sein, weil diese unmittelbar durch katastrophale Unwetter selbst Schaden leiden und dies sich unmittelbar einprägt.» (HG Wien 1.4.1996) Schöner als die Juristen wissen es allemal die Dichter zu formulieren, so zum Beispiel Peter Handke: «Ein Regen so stark, daß es in meinen Augen, selbst als es längst schon aufgehört hat, immer noch weiterregnet» («Am Felsfenster morgens»)

REGEN-REDENS-ARTEN:

(Alle Regen-Redens-Arten beziehen sich auf heftigen Niederschlag. Das leise Rieseln ist dem Schnee vorbehalten.)

Der Himmel öffnet seine Schleusen.
Es regnet Bindfäden.
Es kübelt wie aus Kannen/wie aus Schaffeln.
Es regnet in Strömen.
Es regnet Schusterbuben (Redensart aus dem ländlichen Bereich).
Es schmeißt Stecken.

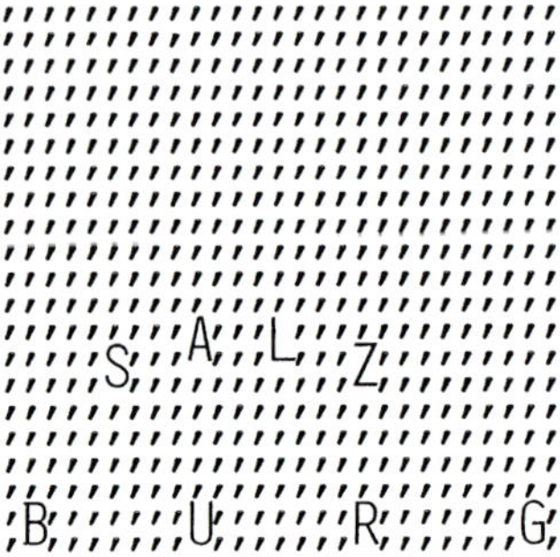

120

Dieter Berdel, Salzburg im Regen

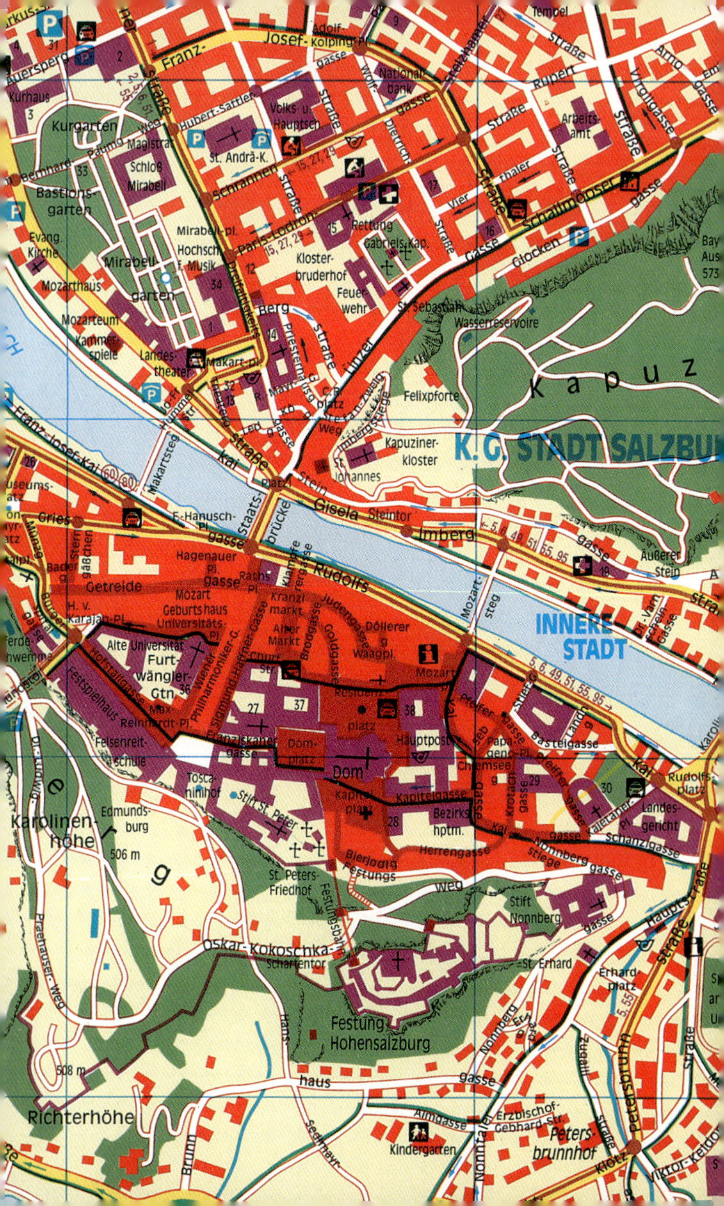

Franz-Josef-Straße
Adolf-Kolping-Pl.
Nationalbank
Rupert-Straße
Auersperg
Kurhaus
Kurgarten
Magistrat
Schloß Mirabell
Hubert-Sattler-G.
St. Andrä-K.
Volks- u. Hauptsch.
Schrannen
Dietrichstr.
Arbeitsamt
Virgilgasse
Bastionsgarten
Evang. Kirche
Mirabellgarten
Mozarthaus
Mozarteum
Kammerspiele
Landestheater
Makart-pl.
Mirabell-pl.
Hochsch. f. Musik
Paris-Lodron-Straße
Rettung
Gabriels-Kap.
Klosterbruderhof
Feuerwehr
St. Sebastian
Linzer Gasse
Glockengasse
Schallmooser
Wasserreservoire
Bergstraße
Priesterhausg.
Felixpforte
Kapuz
Kapuzinerkloster
K. G. STADT SALZBU
St. Johannes
Franz-Josef-Kai
Makartsteg
Staatsbrücke
F.-Hanusch-Pl.
Griesgasse
Giselakai
Steintor
Imberg
Äußerer Stein
Getreidegasse
Hagenauer Pl.
Raths. Pl.
Kranzlmarkt
Rudolfskai
Judengasse
Mozart Geburtshaus
Universitäts-Pl.
Alter Markt
Döllerer g.
Waagpl.
Mozart-steg
INNERE STADT
H. v. Karajan-Pl.
Alte Universität
Furtwängler-Gtn.
Wiener Philharmoniker-G.
Sigmund-Haffner-Gasse
Goldgasse
Brodgasse
Churf. Str.
Residenz
Residenzplatz
Mozartpl.
Hofstallgasse
Festspielhaus
Max-Reinhardt-Pl.
Felsenreitschule
Franziskanergasse
Domplatz
Dom
Hauptpost
Pfeifergasse
Papageno-Pl.
Chiemseegasse
Kaigasse
Krotachgasse
Basteigasse
Landesgericht
Rudolfsplatz
Kajetaner Pl.
Schanzlgasse
Toscaninihof
Stift St. Peter
Kapitelplatz
Kapitelgasse
Bezirkshptm.
Herrengasse
Edmundsburg
Karolinenhöhe
506 m
St. Peters-Friedhof
Festungsgasse
Festungsbahn
Nonnberggasse
Nonnbergstiege
Stift Nonnberg
Oskar-Kokoschka-Weg
Schartentor
St. Erhard
Erhardplatz
Festung Hohensalzburg
Hanshausgasse
508 m
Richterhöhe
Almgasse
Kindergarten
Nonntaler Hauptstraße
Erzbischof-Gebhard-Str.
Petersbrunnhof
Petersbrunnstraße
Zugallistraße
Praehauser-Weg
Dr.-Ludwig-Prinz-Str.
Sedlmayr

Editorische Notiz:

Da sich Gebühren leider laufend ändern, wurde darauf verzichtet, Eintrittspreise anzugeben. Die in Kapitel 2 genannten Preise sind unverbindlich und können Schwankungen unterliegen; sie stellen lediglich Vergleichswerte dar und sollen dokumentieren, daß es auch beim Geschäft mit dem Regen einiges gibt, das teuer (und hoffentlich auch gut) ist.

Dank an:

Rebecca Bazzanella, Irene Mernik und Eva Spambalg-Behrend für Hilfe bei der Recherche.

Selina und Julian Graf sowie Irene Mernik und Günter Eisenhuber fürs Modell-Stehen im strömenden Regen.

Georg Graf für «juristischen Beistand».

Christa Gürtler und Lothar Held fürs Zur-Verfügung-Stellen ihres Hochzeitsphotos. Photo: Fritz Lorber

Otto Müller Verlag für die freundliche Genehmigung zum kostenlosen Abdruck des Stadtplans.

Regenstatistik erstellt unter Berufung auf Werte, die der Internetseite www.wetteronline.de entnommen wurden.

M. GEHMACHER
1743
SAL
Alter Markt
3
Kodak
P

Astrid Wintersberger, geboren 1963, Studium der Philosophie in Wien und Chicago. Lektorin und Übersetzerin. Ständige Besucherin der Teletext-Seite 611 (6-Tage-Wetter).

Günter Schindlmaier, geboren 1959, Inhaber der Web-Agentur www.weblinedesign.at und international anerkannter Unterwasserphotograph.

www.residenzverlag.at

Visuelle Gestaltung: fuhrer, wien
Druck und Bindung: Colordruck, Salzburg
Printed in Austria
ISBN 3-7017-1274-3